智元微库
OPEN MIND

成 长 也 是 一 种 美 好

时间人格

为什么你的时间管理没有用

[日]铃木祐（すずき・ゆう）——著

孙颖——译

YOUR TIME ユア・タイム
4063の科学データで導き出した、
あなたの人生を変える最後の時間術

人民邮电出版社
北京

图书在版编目（CIP）数据

时间人格：为什么你的时间管理没有用 ／（日）铃木祐著；孙颖译. -- 北京：人民邮电出版社，2024.3（2024.6重印）
ISBN 978-7-115-63338-5

Ⅰ．①时… Ⅱ．①铃… ②孙… Ⅲ．①时间—管理—通俗读物 Ⅳ．①C935-49

中国国家版本馆CIP数据核字(2023)第254171号

◆ 　著　　[日] 铃木祐
　　　译　　孙　颖
责任编辑　杜晓雅
责任印制　周昇亮

◆ 人民邮电出版社出版发行　　　北京市丰台区成寿寺路 11 号
邮编 100164　　电子邮件 315@ptpress.com.cn
网址 https://www.ptpress.com.cn
北京天宇星印刷厂印刷

◆ 开本：880×1230　1/32
印张：7　　　　　　　　　2024 年 3 月第 1 版
字数：180 千字　　　　　　2024 年 6 月北京第 2 次印刷
著作权合同登记号　图字：01-2023-4373 号

定　价：59.80 元
读者服务热线：（010）67630125　印装质量热线：（010）81055316
反盗版热线：（010）81055315
广告经营许可证：京东市监广登字 20170147 号

在心理学领域,我们关注个体差异对行为的影响。《时间人格》这本书正是这一理念在时间维度的体现。铃木祐通过生动的分析,带我们认识到,时间管理也要以"自我"为本。本书不仅仅是一本关于时间管理的书,更是一次有趣的自我发现之旅。如果你想要认识自己,把控独属于自己的时间,本书会是一个很好的起点。

钱婧

北京师范大学管理心理学教授、博士生导师

时间既亘古常在又稍纵即逝,既客观存在又被主观感知。《时间人格》采用元分析的视角,告诉我们简便易行的、与自己大脑适配的时间元认知暨时间管理策略。在预期和回忆之间,当我们关注当下,就能重新获得时间充裕感。

陈立翰

北京大学心理与认知科学学院副教授

『总是感觉时间不够用，像被什么追赶着似的。』

『想把更多的时间用在更重要的事情上。』

『有限的人生，难道就这样过下去吗？』

献给所有对时间使用方法感到不满意的人。

本书以科学数据为基础，致力于从根本上解决时间不够用的问题，提高你的时间利用率。

〈关于时间管理的三个真相〉

真相 ①

即使使用时间管理术，工作效率也没那么容易提高。

真相 ②

越在意时间效率，工作效率就越低。

真相 ③

"管理时间"几乎是不可能的。

为什么你的时间管理总是没有用？我们应该如何面对一天只有 24 小时这一无法改变的壁垒？本书将深入探讨这些问题。

……… 为什么你的时间管理没有用………

〈4×4时间人格类型〉

类型 A: **超载者**………… 总是被时间追着跑，易焦虑，易有超负荷感。

类型 B: **自律者**………… 能认真制订计划并完成工作，但有时会感受不到快乐。

类型 C: **躺平者**………… 缺乏基本的工作动力，不知不觉就虚度了时间。

类型 D: **享乐者**………… 只喜欢做轻松的工作，在重要的工作上没有进展。

类型 E: **自信者**………… 勇于挑战困难的工作，但有时会因过于自信而失败。

类型 F: **恐惧者**………… 擅长制订计划，但是害怕失败或批评，容易拖延。

类型 G: **悲观者**………… 不擅长估算时间，工作时容易被不安和焦虑所困扰。

类型 H: **乐观者**………… 经常会低估完成工作所需的时间，总觉得会有办法，容易犯同样的错误。

你可以根据本书中时间人格测试（见前言第Ⅶ页）的结果，确定你的"时间人格"，找到适合你的时间管理方法，改写刻在你脑海中的"时间感觉"。

关于时间管理的难言真相

想有效利用时间的欲望自古有之，古罗马哲学家塞内加曾说过：“我们拥有的时间并不短，浪费的却不少。”达芬奇早在 15 世纪 90 年代就开始使用待办清单。19 世纪初，美国的出版社印刷出世界上第一本日程手账，由此可见，时间管理意识在当时已经萌芽。如今，我作为一名科学记者，每天也会为时间问题而烦恼。

“对时间使用方法感到不满意。”

“想更有意义地利用时间。”

“明明有重要的事情，却无法开始工作。”

“不想做的事情占用了太多时间。”

想必大部分人也切身体会到了，如何使用时间有时能决定人的一生，影响人的幸福指数。浪费时间就是浪费人生，这是毋庸置疑的。

针对这种情况，人们提出了无数种"有效利用时间"的方法，也就是所谓的时间管理术，比如以下这些方法。

- 提高工作效率，尽快完成工作。
- 把工作进行分解，利用碎片时间工作。
- 找出无用的任务，尽量减少对时间的浪费。
- 设定严格的截止时间，提高工作积极性。

这些都是时间管理术中常见的技巧，它们分别从提高工作效率、减少对时间的浪费、优化行动等方面，为管理时间提供了方案。现代人的自由时间本来就不多，人们只能将工作速度提高到极限，优化每日时间安排，以便减少对时间的浪费。

遗憾的是，很少有人能通过这些技巧获得持久的效果。一开始人们只是觉得自己的工作效率提高了，时间压力却丝毫没有减轻。不久他们又会无法按时完成工作，导致本来要做的其他事情被搁置，到最后也无法开始做真正重要的事情。大部分人都存在类似的烦恼。

这一事实也通过数据得到了验证。麦肯锡和牛津大学对 5400 多个 IT 项目进行了调查，结果发现虽然大部分参与者使用了某种时间管理术，但按时完成工作的人不到全体参与者的 1/3，大部分人花费的时间是当初预计时间的 3.5 倍。还有一项面向心理学专业学生进行的调查也显示，能够按时提交毕业论文的学生不到全体学生的 30%。

既然世界上有这么多时间管理术，为什么还是有很多人在为时间问题而烦恼呢？ 为了解开这个谜题，我查阅了近 2000 篇有关时间的研究资料，并请教了认知科学、心理学、经济学、医学等领域的约 20 位专家，听取他们最新的见解，最终总结出以下发现。

首先，目前还没有找到一种对所有人都有效的时间管理术。

日程表、待办清单、时间日志、设定截止时间……虽然有很多常见的时间管理术，但是基于已有的调查，目前还不能确定一种放之四海皆准的"确实有效地利用时间"的技巧。我将在序章进行详细说明，**目前大部分技巧没有取得公认的显著效果，甚至很多案例没有经过认真检验**。很抱歉，我这样说可能让大家感到有些扫兴，但是如果不明白这一点，时间管理问题就无从谈起。关于时间管理的难言的真相是：如果没有一种适用于所有人的技巧，自然有很多人无法摆脱时间不够用的困境。

我们到底有没有办法解决这一难题呢？为了寻找答案，我重新查阅了相关数据，并采访了相关领域的专家，最终得出一个结论并简单总结如下。

① 我们真正应该在意的不是时间，而是"时间感觉"。

② 时间是平等的，但"时间感觉"存在个体差异（这种个体差异类型即"时间人格"）。

③ 根据个体差异改写你的"时间感觉"，你就能有效地利用时间。

很抱歉，我这样说有些神秘，关于"时间感觉"的含义，我将于下文详细说明，请大家放心。现阶段，我们只要针对上述难题找到明确的解决方案就可以了。

在总结以上发现的基础上，我重新构建了具有再现性技巧的工作，并让多位合作者尝试了我设计的方案，参与者包括公司职员、企业家、教师、运动员、学生等，年龄层覆盖广泛，从十几岁到六十几岁都有，以确认效果的普适性。

结果超出了我的想象，调查问卷显示，在参与者实践我的方案之后，有95%的参与者觉得"时间比以前充裕了"，92%的参与者认为自己的情况比之前有所改善，比如"学习效率提高了""拖延症减少了""可支配的空余时间翻倍了"。其中也有人觉得"进展不顺利"，我根据这些意见又不断进行了改进，提炼出一些普适性更高的方案。

本书就是这样完成的。可以说本书的内容包含"目前最好的科学见解"和"实践技巧"，它不仅适合想要提高业绩的商务人士，对忙于学习的学生、养育孩子的人士、生活不规律的自由职业者等人群也有一定的帮助。

我本人也受益匪浅，我以前每年最多能写出一本书，但近年来速度提高到一年写 3 ~ 4 本书。与此同时，我平均每天阅读 15 篇论文，写 2 万 ~ 4 万字的稿子，定期发布一次 90 ~ 120 分钟的视频，这些都没有打乱我的生活习惯。我也没有牺牲私人生活，没有减少睡眠和运动的时间，我有充足的时间兼顾读书、看电影、练习乐器等兴趣爱好。这都是因为我根据我的"时间感觉"重新安排了每天的生活。

让我们简单看一下本书的概要。

首先，在序章和第 1 章中，我们将围绕"为什么我们不能很好地使用时间管理术"这一问题展开分析，说明其中的科学原因并提出改进方向。第 2 章和第 3 章进入实践篇，我们将学习有效利用时间的具体技巧和正确激发时间管理术潜能的技巧。在第 4 章和第 5 章中，我们将从根本上分析时间不够用的原因。

你可以将上述流程与治疗疾病的过程类比。假设你感染了流行病，正为连日的咳嗽和发热而烦恼。在这个案例中，我们可以做到以下 4 点。

- 诊断和检查：找出自身出现症状的原因。
- 对症治疗：服用退烧药等药物退烧和止咳。
- 原因疗法：使用抗菌药等药物驱除致病菌。
- 改善体质：调整饮食和运动，调理体质。

按照这个逻辑来思考的话，序章和第 1 章就相当于诊断和检查，我们首先要找出无法有效利用时间的真正原因。第 2 章的内容接近于对症治疗，主要目的是解决拖延症和无法按时完成工作等表层问题。第 3 章的内容涉及人的"记忆"和"感情"，内容上与原因疗法相似。在第 4 章和第 5 章中，我们将深入内心深处的"概念"和"感觉"领域，挑战从根本上解决"时间不够用"的问题，这一步骤相当于"改善体质"。

本书会介绍很多技巧，但与其每读完一章就实践，不如先把全书通读一遍。在理解了本书所揭示的"时间的本质"之后，行动才更容易产生效果。

其次，本书介绍的技巧没有必要全部尝试。请参考下文"时间人格测试"的结果，从每一章中选出 1 ~ 2 个适合你的技巧。但是，如果你凭直觉觉得某个技巧好像很有趣，那么可以无视测试结果，选择自己喜欢的技巧。如果你花了一周以上的时间实践，还没有感觉到效果，则不妨尝试一下其他技巧。

　　就像再着急也不会让病情迅速好转一样，时间管理技巧也不
会即刻生效。建议大家慢慢实践，观察每个技巧的效果。要想熟
练使用本书，最重要的就是你要有像做实验的科学家那样的态
度。我的工作是传达一些必要的信息，但这只类似于队友提出建
议。通过反复实验找出答案，这项工作只有你能做。

　　现在我们开始第一步。请做一下"时间人格测试"，看看你
的时间感觉有什么特点。建议你什么都不要想，认真阅读每个问
题，尽可能诚实作答。思考每个问题与自己实际情况的相符程
度。每题满分为 5 分，完全不符合打 1 分，完全符合打 5 分。

扫描下方二维码进入在线测试，即刻获取测试结果。

　　如果不方便做在线测试，你也可以按照以下规则自己将不同
问题的分数相加。

　　预期"强"或"弱"：参考第 1 ~ 5 题的总分。
　　预期"多"或"少"：参考第 6 ~ 10 题的总分。

> 回忆"正确"或"错误":参考第 11 ~ 15 题的总分。
>
> 回忆"积极"或"消极":参考第 16 ~ 20 题的总分。

关于"预期"和"回忆"等术语的含义,我会从第 1 章开始进行详细说明,现在不明白这些也没有关系。

最后,将总分写在表 I 上方,判断你的时间人格。

比如,如果你第 1 ~ 5 题总分为 20 分,第 6 ~ 10 题的总分为 5 分,则你符合类型 B——"自律者"。如果你第 11 ~ 15 题的总分为 15 分,第 16 ~ 20 题的总分为 20 分,则你是类型 E——"自信者"。

时间人格测试

请根据表 I 思考每个问题与自己实际情况的相符程度,每题满分为 5 分。

表 I　时间人格测试

项目序号	问题
1	即使是努力数年仍未见成效的工作，只要觉得重要就会全力以赴
2	在觉得将来可能发生问题的时候，也能够忘记眼下最关心的事情，去处理问题
3	为了实现将来的幸福，即使牺牲眼前的幸福也不在乎
4	经常后悔过去错过获得积极经验的机会
5	在许多时候，很难好好享受那些在当下有吸引力的事物
6	如果计划突然有变，就会焦虑
7	如果工作时间不够用，就会焦虑
8	不擅长安排工作的优先顺序
9	因为心情郁闷，启动工作需要一定的时间
10	虽然做的事情很多，但还是没有充实感
11	很少会低估完成工作所需要的时间
12	被称赞擅长制作时间表
13	在制订计划时，一定会考虑可能会遇到的障碍和意外情况
14	几乎不会只根据自己的愿望制订计划
15	擅长思考工作的详细顺序
16	想到过去的事情就会觉得很充实
17	不想让别人认为我是一个只会工作和学习的人
18	几乎不会回想起过去的痛苦经历
19	在做出决断时，不会受周围人的想法和环境的影响
20	开始工作前不会觉得"这件事自己做不到"

A 超载者：经常被多项工作追着跑，容易感到焦虑、不安、压力大。他们不是不擅长利用时间，而是总是对自己的行为感到不满。

B 自律者：虽然能按照自己制订的计划完成工作，但有时也会因为过于勤奋而难以活在当下，感受不到人生的快乐。

C 躺平者：总是不知道该做什么，也感受不到长期项目的意义。因此，他们经常无精打采，为对任何事情都没有奋斗动力的问题而烦恼。

D 享乐者：不擅长区分重要任务和其他任务，只做简单的工作。结果长期项目的进度容易停滞不前。

E 自信者：因为自我效能感高，所以即使面对困难的工作也勇于挑战。但有时会因为过于相信自己的能力而得不到必要的帮助和资源，最终导致失败。

F 恐惧者：因为自我效能感低，害怕项目失败或他人批评，容易拖延。但是，一旦开始工作，往往能出乎意料地顺利推进计划。

G 悲观者：不擅长估算时间，而且对过去的自己消极印象很强，容易被情绪低落和焦虑所困扰，所以工作积极性也会降低。

H 乐观者：虽然乐观，但经常低估完成工作所需的时间，也从不怀疑自己的能力，最后反而容易无法按时完成工作，也可以说是不擅长从过去的失败中吸取教训。

这些分类将人们对时间的"预期"（ABCD）和"回忆"（EFGH）的各种类型组合在一起，形成的具体分布象限图如图 I、图 II 所示。我们需要在考虑组合差异的同时，思考固有的时间使用对策（详细内容将在第 2 章和第 3 章中介绍）。

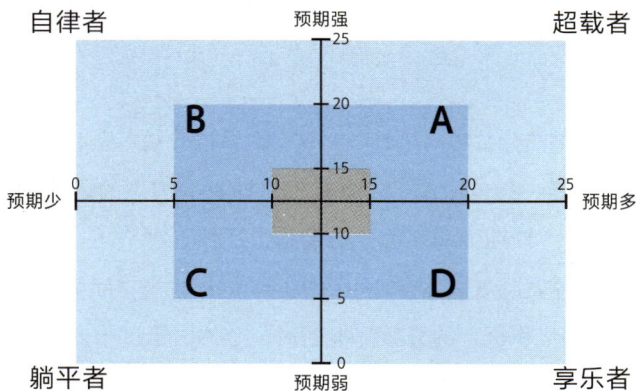

图 I 时间人格象限图（预期）

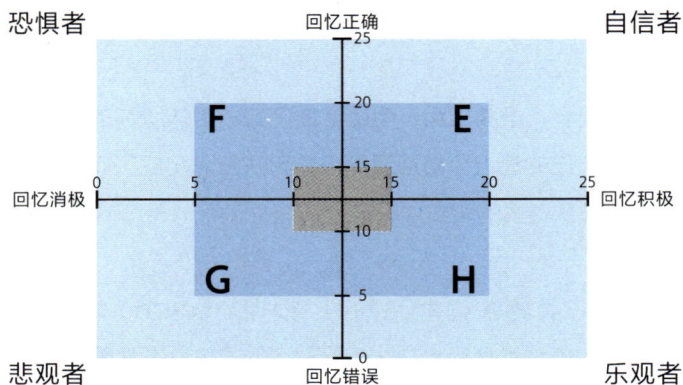

图 II 时间人格象限图（回忆）

关于这个测试，有几个参与者经常问的问题我也一起介绍一下。

- **测试的分数越高越好吗？** 这个测试的分数不是越接近满分越好。具体来说，本书在"自律者"类型的说明中也提到，"预期强弱"的分数越高，"预期多少"的分数越低，个体就越难以体会人生的快乐。同样，当"回忆正确"和"回忆积极"的分数都很高时，个体由于过于自信而产生的麻烦就会增加。每种类型都有缺点，不存在"这个分数最好"之说。但是，在多数情况下，将各项分数稳定在15～20分的人，时间使用方法一般比较稳定，比较会利用时间。总之，以略高于15分为目标比较好。

- 如果所有项目的分数都是 12 ~ 13 分呢？这种情况虽然少
  见，但有时也会有人所有项目的分数都居中。这种情况的
  人可被认为是"中间型"，他们是将所有要素都稀释的类
  型。如果你是中间型的话，那么你可以使用第 2 章和第 3
  章中提到的技巧，有意识地将各项分数控制在 15 ~ 20 分。
- 各种类型一旦确定了就不会改变吗？你的时间人格不是固
  定的，可以用从第 2 章开始提到的各种技巧来改变。坚持
  使用适合你的技巧，将时间人格调整到合适的类型，是本
  书的重点之一。

还有一部分人会根据任务类型和周围环境而改变时间人格。
比如，"在家里无精打采，在公司却很自信"，这类人可以根据情
况改变时间使用技巧。这种变化是无法通过测试来判断的，所以
若你的时间人格不固定，那么在开始工作之前，不妨先思考一下
"自己现在最接近哪种类型"。

发现时间管理的陷阱

"智慧的 90% 源于对时间的合理利用。"

——西奥多·罗斯福

关于时间管理的三个真相

"时间就是金钱。"1748 年，美国政治家本杰明·富兰克林在随笔中写下了这样的句子。

从 18 世纪开始，"理性主义"广泛传播，富兰克林作为"理性主义"的代表人物闻名于世，他留下了很多体现时间重要性的句子。

"不要浪费时间，人生就是时间的积累。"

"不要浪费时间，要常做有益之事，杜绝一切无用之事。"

之后，富兰克林的观点被视为时代精神的代表，19 世纪，"时间就是金钱"成为一个流行的口号。有效利用时间是一种美德的观点已经成为世界共识。在现代社会，可能没有人怀疑时间管理的重要性。

然而，很多广为流传的时间管理常识实际上没有什么明确的依据。

无论你学习多少最新的时间管理术，只要依据是错的，意义都不大。因此，你首先要从广为流传的关于时间管理的观点中找出以下 3 个真相。

- 真相①：即使使用时间管理术，工作效率也没那么容易提高。
- 真相②：越在意时间效率，工作效率就越低。
- 真相③："管理时间"几乎是不可能的。

很多人可能感到困惑。这些观点都是关于时间管理术的基本观点，大家可能认为这些观点是毋庸置疑的。但是，近年来的研究表明，这些观点是错误的。只要陷入这些误区，你便几乎永远无法摆脱"时间不够用"的状态。我们来看看详细的原因。

01　真相①
即使使用时间管理术，工作效率也没那么容易提高

纵然淘尽岸边的细沙，也数不尽世间的时间管理术。世上有很多时间管理术，比如调整日程表、罗列待办清单、设置邮件时间、估算工作时间等，每种时间管理术都主张"用这种技巧可以有效地利用时间"。但是，正如"前言"所言，这些技巧实际上没有什么依据，甚至很多报告指出这些技巧对改善工作效率没有效果。这听起来有些难以置信，但是多项关于时间管理术效果的研究显示，这些技巧和工作效率之间只有着微弱的联系。

我们来看看 2021 年康科迪亚大学等团队的研究。研究团队

在从 1980 年到 2009 年发表的有关时间管理术的研究论文中选取
了 158 篇，对约 5.3 万人的数据进行了元分析。元分析是一种把
多项研究结果汇集起来，按照规范得出总体结果的统计技术。因
为其使用了大量的数据，所以准确性更高，与参考单一研究相
比可以得出更可靠的结论。从这个意义上说，数据的可信度相
当高。

在分析时，研究团队将时间管理术的内容分为以下三种。

- 结构化：这是清晰地列出"在什么时间做什么事情"的时
  间管理术，比如使用日程手账、提醒事项、待办清单等。
- 保护化：这是专门保护时间不受外界干扰和问题影响的时
  间管理术，比如拒绝需要花费时间的要求、早起工作、工
  作时屏蔽社交媒体等。
- 适应化：这是事先设想同事的请求或紧急会议等问题，预
  先制订对策的时间管理术。常见的方法是制订行动计划，
  比如，"如果有紧急会议，就把文书工作推迟到下周""如
  果被安排做一项紧急工作，就请同事帮忙核算经费"。
  "设置预案日"等也属于这种方法。

根据以上分类，研究团队分析了时间管理术的效果，得出以
下结论。

- 时间管理术与工作效率之间只有较弱的相关性（$r = 0.25$）。

"r"也称为相关系数，是表示两个数据之间关系密切程度的数值，这里被用于表示时间管理术与工作效率之间的关系。这个数值越接近 1，就说明二者之间的关系越密切。在这种分析方法中，如果数值大于 0.5，一般认为研究的两个对象之间的相关性较高。如果调查啤酒销售量与气温的关系，一般会出现"$r = 0.78$"左右的大数值。在大热天人们想喝冰啤酒是很正常的，所以冰啤酒的销售量也较高。

在这一点上，0.25 这个数值是一条很微妙的线，我们可以认为，"虽然时间管理术有时能提高工作效率，但很多时候没有明显的效果"。这里所说的工作效率，是以上司提出的业绩评价、员工工作积极性、工作承诺等指标来衡量的，时间管理术对这些指标没起到什么明确的作用。

研究团队还发现了以下结果。

- 在学习时使用时间管理术效果更差，人们不能指望通过这些方式提高考试成绩。
- 时间管理术在"人生满意度"方面作用最明显，其影响度比工作效率高 72%。

大多数人会使用时间管理术来提高工作效率，但实际上这样做没有多大效果，只是多了一点心理安慰罢了。

应该把时间管理术视为一种提高幸福感的技巧

还有很多其他实验也发现时间管理术没有效果。

在维尔茨堡大学等团队做的一项测试中，研究团队指导德国的商务人士进行时间管理术训练，在小组研修的基础上，让全体人员学习多种时间管理术。

- 设定工作目标，并争取按时完成。
- 事先做好预案，以防由于意外事件而中断计划。
- 按优先顺序对任务进行排序，从重要的事情开始处理。
- 将所有需要完成的任务写在日历上，使之可视化。
- 观察完成每项任务所花费的时间，以便今后能更充分地利用时间。

这些都是常见的时间管理术，看过本书的读者可能使用过这些时间管理术。如果把这些时间管理术组合在一起，或许会对提高工作效率有些帮助。

但是，测试结果与前文提到的元分析大同小异。无论人们使用哪种时间管理术，工作的质和量都没有太明显的改善，也不会提高人们按时完成工作的概率。时间管理术只对被试的工作满意度有效果。前文提到的元分析的作者对此这样评价："一般来说，时间管理术有助于提高工作效率，而提高幸福感只是一种副产品。但是，我们的分析颠覆了以往的常识，应该放弃把时间管理术和效率联系在一起的想法，仅把时间管理术视为一种提高幸福感的技巧。"

的确，研究数据显示，时间管理术的效果并不明显，日程安排和任务管理等常规技巧也没有取得显著成果。尽管如此，现代人并没有对时间管理失去信心，这可能是因为这些技巧能改善我们的心态。

使用时间管理术来安排每天的日程，能让你有一种自己能掌控自己人生的感觉，也更容易有完成重要工作的成就感。比起让别人告诉你该做什么，能自己管理时间的人生肯定更让人心情愉悦。

不过，我还是要重申一遍，时间管理术带来的提高工作效率的效果，远不及改善心态的效果。目前，还没有一种时间管理术能对所有人来说都有效。

02 真相②
越在意时间效率，工作效率就越低

"通过分工提高工作效率，劳动生产率就会有飞跃性的提高。"

1776 年，近代经济学之父亚当·斯密在《国富论》中强调了效率化的重要性。他一针见血地指出，工业革命的本质不在于新技术的诞生，通过减少浪费和改善工艺来追求效率化才是最重要的。

经营学家弗雷德里克·泰勒和 W. 爱德华兹·戴明也继承了同样的观点，他们认为"追求效率是一种美德"。通过他们的努力，时间管理成为一门科学，"如何在较少的时间内做更多的工作"成为人们追求的准则。这一点在现代社会也没有改变，消除浪费和追求效率仍然是世界各地商学院的主要课题。

当然，时间对我们来说确实是一种稀缺资源，追求效率不仅对于经营者，对所有人而言都是必要的。众所周知，亨利·福特通过引进世界上第一条装配线使工厂产量翻番，工业革命也因为追求效率而取得了丰硕的成果。

但是，最近十几年的研究表明，重视效率有时反而导致工作效率下降，主要有以下两个原因。

① 追求时间效率会导致判断力下降。
② 时间效率越高，创造性越差。

第一个问题是追求效率会让我们的判断力下降。你有过这样的经历吗？比如，连续开了好几个会，在短时间内发了很多邮件，高效地处理事务，这时已经到了傍晚，你突然发现今天应该写的重要企划书还没开始写。

在短时间内高效地处理多项任务，却忘记做最重要的事情，无意间接受了不合理的请求，这种现象并不少见。

这在行为科学中被称为"隧道效应"。如果你在开车时听音乐，同时还和副驾驶说话，甚至因为看到走在前面的熟人而分心，无论多么资深的驾驶员，发生事故的概率都会攀升。同理，在高效处理多项任务的过程中，大脑的处理能力达到极限，做出恰当选择的能力就会下降，这种现象就是"隧道效应"。

经济学家赛德希尔·穆莱纳森（Sendhil Mullainathan）等人的研究显示，陷入隧道效应的人平均智商会下降 13 个百分点，这个数值和整晚不睡觉导致的智商下降的程度差不多。

因此，一旦陷入隧道效应，我们就容易采取以下行动。

- **只满足于简单的任务**：微软公司在英国做的调查显示，重视效率的员工中有 77 % 的人花了很多时间清空他们的邮件收件箱，但是他们仍然觉得"度过了高效的一天"。俄亥俄州立大学等团队的实验显示，被要求追求效率、快速完成任务的小组与其他小组相比，任务的处理量减少了约 22%。
- **无法制订战略计划**：当时间效率意识增强时，我们容易失去开阔的视角，不经过深思熟虑就接受同事的请求，或者逃避运动、学习等长期训练。因此，很多陷入隧道效应的人忙于应付眼前的课题，无暇顾及长期重要任务。

越是追求效率的人，越容易陷入"隧道效应"，忙得不可开交，最后只剩下"清空收件箱""回应了朋友的请求"等短暂的自我满足感，永远无法集中精力做真正重要的事情，陷入一种恶性循环。

如果太在意时间，创造性就会下降

"创造性下降"也是追求效率引发的一大问题。越是追求效率，我们就越难以想出好的创意，解决问题的能力也会下降。

哈佛大学心理学家特蕾莎·M.阿马比尔（Teresa M. Amabile）从 7 家企业召集了 177 名员工，要求他们写工作日志。根据大约

9000 天的数据，她分析了全体员工的工作方式，得出以下结论。

- 工作时太在意时间的日子与其他日子相比，创造性思维的出现率下降了 45%，项目的成果也会减少。
- 创造性下降会一直持续 2 ～ 3 天，但大部分员工都没有注意到这一事实。

因为追求效率而太在意时间，常导致大部分人思维不够开阔，最终成果的数量也会减少。之所以会出现这样的结果，是因为产生好的创意需要"发散思维"。这是一种可以让大脑中的印象和记忆畅游的技巧，在个体身心放松时最容易出现。

发散思维对创造力至关重要的原因无须赘述。为了想出好的创意，我们必须创造使用现有知识的新方法，或者寻找以前从未尝试过的新鲜组合，就像詹姆斯·戴森（James Dyson）从木材加工机中得到启发开发出吸尘器，或者像乔治·德·梅斯特拉尔（George de Mestral）依照牛蒡果实的结构发明了魔术贴一样。要做到这一点，我们需要让大脑中的图像和知识自由驰骋，等待意外的信息联结。有时在洗澡时或入睡前脑海中会浮现好的创意，这也是因为进入放松模式的大脑切换到了发散思维。

相反，将意识集中在一件事上，并将大脑资源用于特定的信息的现象叫"聚合思维"。若你在看着时间处理待办清单或者迫于截止时间的压力处理工作时，在不得不将意识持续转向眼前任务的情况下，你的大脑就会切换到聚合思维，专注力将会提高。

遗憾的是，人类的大脑无法同时使用发散思维和聚合思维，想要提高专注力，有时只能放弃创造性。也就是说，如果总是追求效率、在意时间，我们就只会使用聚合思维，发散思维就没有用武之地了。结果，好的创意会减少，最终导致整个项目的停滞。

麦肯锡的调查显示，现代社会 70% 的工作都需要创造性思维。我不是要全盘否定效率化，但是，太在意时间确实会导致工作效率下降。如果原本只想着提高效率，可能连提高效率的新点子都想不出来。如果是在工业革命时代就另当别论了，那些做法不能称之为现代的做法。

03　真相③
"管理时间"几乎是不可能的

关于时间管理术，容易陷入误区的最后一个真相是，"管理时间"几乎是不可能的。

首先，大部分时间管理术与时间使用方法无关。虽然这听起来像玩笑话，但是并不奇怪。实际上，所有的时间管理方法与时间使用方法间的关系都不大。但是，可能没有人能马上理解这一点。我们在日历上写下计划是为了确认当天的时间使用方法，给任务排序也是为了合理分配时间。

为了理解时间管理术与时间使用方法无关这一事实，我们来思考一下"为什么时间管理术只对一部分人有效"这一问题。

大家还记得前面提到的时间管理术的元分析吗？这项分析结果显示，无论在哪项研究中，都有少数人在使用时间管理术后有了一定进步。

总之，虽然这些方法对大部分人没有效果，但总有一定数量的人通过时间管理术提高了工作效率，为什么会产生这样的差异呢？

为了寻找答案，我们来思考一下"艾森豪威尔矩阵"。这是美国前总统德怀特·艾森豪威尔经常使用的时间管理术，它的特点是把任务按照"紧急程度"和"重要程度"进行分类，然后人们像"偿还债务"一样，从紧急程度及重要程度高的任务开始启动工作。

这种做法乍一看似乎无可挑剔，但应用起来其实并不顺利。

约翰·霍普金斯大学等团队的实验结果显示，能熟练使用"艾森豪威尔矩阵"的人不多。

研究团队让 203 名男女"输入简单的文字"，并将任务条件分为两种。

- 模式 1 紧急但不重要：报酬为 12 美分，5 分钟后任务选择权消失。
- 模式 2 重要但不紧急：报酬为 16 美分，50 分钟后任务选择权消失。

即使不使用艾森豪威尔矩阵，大家也知道应该选择哪种模式吧。

因为任务重要，时间充裕，还能多拿 4 美分，所以选择模式 2 确实更划算。

但是，结果出乎意料。很多人对 5 分钟的时间限制反应强烈，他们因为马上就要到时间而于冲动之下选择了模式 1，放弃了 16 美分的报酬。

研究团队将这种现象称为"单纯紧急性效应"。这是一种仅考虑时间限制，就判断"这项任务一定很重要"的心理，即使个体知道"还有更重要的事情"，他的意识还是会转向相对更紧急的任务。这种心理十分普遍，很多人牺牲了健康或家庭等重要的事情，把资源浪费在"紧急"的工作上。换句话说，要使艾森豪威尔矩阵发挥作用，我们必须克服这种心理。

但是，如果仔细观察这些数据，就会发现一个有趣的现象。在参加者中，有人没有被单纯紧急性效应所迷惑，而是选择了重要的任务。你认为这些人是什么样的人呢？

答案是"清楚地知道人生中重要的事情"的人。在这个实验中，像"25 美元能给孩子买礼物""25 美元能买参考书"这样，能把报酬与自己的人生联系在一起的人，就不会陷入单纯紧急性效应的陷阱，从而更容易做出理性的判断。

总之，艾森豪威尔矩阵不是管理时间的技巧，而是管理价值观的技巧。艾森豪威尔矩阵不一定能让你更好地分配时间，但是可以帮助你重新认识人生价值，提高动力，从而提高效率。

时间管理术无法解决效率问题

类似的例子有很多，具体来说有以下研究结论。

- 效率研究的领军人物亚当·格兰特的研究显示，世上大部分时间管理术管理的是注意力，而不是时间。他指出，"时间管理术不能解决效率问题"。

- 社会心理学家罗伊·鲍迈斯特等人的研究显示，待办清单之所以有效果，与其说是因为它能有效利用时间，不如说它是通过写下"未完成的任务"来整理思绪，同时"是不是有什么没做完的事情""是不是应该先做那项工作"等无意识的不安感也会减少。

- 专家在研究个人的时间观对效能的影响之后，指出了以下问题：重视时间管理会导致我们认为时间不够用，使我们无法做一些人生中真正重要的事。

- 特拉维夫大学团队的调查显示，有些人发现"截止时间"能使他们提高效率，是因为它"能减少努力的机会成本"。截止时间之所以能提高工作速度，不是因为人们设定截止时间就能推算工作所需时间，而是因为截止时间的存在强化了"我没有时间做其他事情"的观念，从而使人做出"专心完成眼前的任务效果最好"的判断。

这些结论并不令人惊讶。因为一天的长度只有 24 小时，所以无论怎样巧妙地安排任务和正确地估算所需时间，都有局限性。即使不说"管理时间"这个想法本身就是错误的，从根本上"管理时间"也几乎是不可能的。

对于管理时间，如果减少了不必要的会议，摒弃了无用的闲聊，反复确认了任务的优先级，把不必要的任务全部删除了，除此之外我们就几乎没有其他办法了。而且，即使制订了周密的计划，我们也不一定按照预定计划完成任务，还有隧道效应和单纯紧急性效应等障碍在等着我们。控制时间这件事本来就有天花板，如果想要实现更高的目标，我们就只能管理时间以外的对象。

思考时间管理没有意义吗

总结一下，本章提到的现有的时间管理术存在以下问题。

① 没有对所有人都适用的时间管理术。
② 越想有效利用时间，效率就越低。
③ 大部分时间管理术与时间使用技巧无关。

这样看来，时间管理真是一件让人绝望的工作。实证研究表明，时间管理术没有明显效果。如果说追求效率也可能是徒劳的，那么人们将不知所措。但是思考时间使用技巧已经没有意义了吗？

第 1 章

. . . . . .

了解时间体验的本质
——为什么你无法有效利用时间

"过去、现在、未来的区别只是一种持久顽固的幻觉。"
——阿尔伯特·爱因斯坦

时间的流逝只是意识的错觉吗

"过去不复存在，未来尚未存在，所以我倾向于认为时间不存在。"罗马著名哲学家奥古斯丁曾对时间的神秘性提出质疑。

这句话的意思不难理解。比如，正在阅读本书的你，如果试图体验"读了前一页的文章"的"过去的时间"，那肯定是行不通的。因为过去已经过去了，你能体验到的只有"现在"。

这种观点也适用于"未来"。如果你试图体验你"阅读下一页"的"未来的时间"，那也是行不通的。因为"未来"还没有到来，你能体验到的只有"现在"。

基于这一观察，奥古斯丁陷入沉思。

每个人都认为过去和未来是客观存在的，但实际上时间不像人们想象的那样稳固。所谓的时间流逝，不过是一种意识的错觉罢了。奥古斯丁认为，因为过去和未来都只存在于人们的脑海中，人们能体验到的只有现在，所以"时间在流逝"的感觉就像我们的思维和情绪一样，是被意识虚构出来的。

有类似疑问的人很多。公元前 4 世纪，哲学家亚里士多德也提出"过去不存在，未来也不存在"的问题，并得出了以下结论："时间是依先后而定的运动的数目。"这种表述虽然难以理解，但这里所说的"运动"和"变化"几乎是同一个意思。简而言之，亚里士多德认为，我们并没有经历时间的流逝，而是对"太阳位置的变化""外表老化"等日常生活中的变化进行了计算，并将其视为时间的流逝。

奥古斯丁和亚里士多德的观点与我们的实际感受相去甚远。在现代社会，客观的时间感觉是不可动摇的，每个人都切实地感受到过去确实存在，认为未来一定会到来。

或许正如他们所言，我们只能体验到"现在"，但因此质疑过去和未来的存在，难道不是哲学家徒劳的文字游戏吗？这种想法可能很普遍。

令人惊讶的是，近年来，有越来越多的数据开始支持哲学家们的观点。现代科学认为，时间好像是只存在于人们大脑中的一种虚构概念。

时间管理术真正应该管理的是什么

为什么说古代哲学家们提出的时间论是正确的呢？

在思考这个问题的答案之前，我们先确认一下序章中讨论的内容。

正如上一章所言，现有的时间管理术有很多缺点，目前还没有什么效果显著的时间管理术，而且"提高效率"这种想法本身就有很大问题。如果这种观点立得住，现在的你为"不擅长利用时间"而烦恼也就不足为奇了。

但是，如果重新审视序章中的讨论，你会发现其实还有一丝希望。在验证时间管理术的实验数据中，虽然大部分被试没能提高工作效率，但也有少数人有一定的收获。

人生价值观、努力的机会成本、注意力管理……

通过时间管理术提高效率的被试，都是因为激活了与时间无关的参数，才有了惊喜的收获。那么，只要能认清时间管理术发挥作用的主要原因，我们就能享受各种技巧所带来的好处。

被广泛使用的时间管理术，大多数是在满足特定条件的前提下才会发挥效果，所以只掌握表面上的技巧是不会有太大效果的，就像治疗骨折时吃感冒药一样，我们很容易走入误区。因此，我们只能找出时间管理术发挥作用的条件。也就是说，要想真正有效地利用时间，我们需要弄清以下问题。

● 时间管理术真正应该管理的是什么？

解决了这个问题，以往的时间管理术才能作为正确的技巧发挥作用。

影响时间管理的个体差异

弄清时间管理术发挥作用的条件不是一项简单的工作。

前面提到的"努力的机会成本"只是冰山一角，社会学、心理学、幼儿教育、经营学、消费者行为学等多个领域也提出过数百种理论。

乔治·华盛顿大学的心理学家赫尔曼·阿基尼斯等人分析了163 项关于时间管理术效果的研究，将"使用时间管理术有效果的人和无效果的人"之间的区别总结如下。

"各种个体差异影响了时间管理的效果。"

个体的性格、价值观、环境等诸多因素都会影响时间管理术的效果，研究者将所有因素都概括为"个体差异"。

那么，影响时间管理术效果的个体差异有哪些呢？下面举几个有代表性的例子。

- **时间偏好**：这个因素表示在完成特定的工作时，个体是喜欢一次处理一项任务，还是喜欢同时处理多项任务。前一种类型的人善于集中注意力完成任务，但容易因日程的变化而动摇，后一种类型的人虽然能很好地适应日程的变化，但容易分散注意力。

- **边界类型**：这个因素表示个体是否喜欢在工作和私人生活之间划出严格的界线。对想将工作和生活分开的人来说，严格的时间管理更容易见效，而对不想将工作和生活分开的人来说，他们需要能够在两个领域之间灵活切换的时间管理术。

- **时间评价**：这个因素表示一个人能在多大程度上意识到自己的时间价值。越是想最大限度地利用自己的时间的人，时间评价越高。一般来说，时间评价越高，我们越会觉得时间紧迫、时间管理术的效果差。

- **时间规范**：时间管理术的效果也取决于个体所在的国家、组织或社区对时间管理的看法。当公司提倡制订周密的计划时，越是喜欢制订详细计划的员工，效率越高，不符合组织规范的人则离职率更高。

- **看表的次数**：越是关注时间的流逝，个体心里就越会产生强烈的焦虑感，导致认知功能下降，感觉时间过得更快，在估算剩余时间时也容易产生误差。

- **体验到的事件次数**：在一定时间内，完成丰富多彩的工作会让人感觉时间过得相对慢。这也是影响最终时间分配的决定性因素。

- **情绪强度**："恐惧"和"愤怒"等消极情绪有让人感觉时间过得慢的作用。强烈的情绪会使我们的身体切换到防御模式，产生想"尽快摆脱这种情况"的感觉，让人感觉时间过得慢。

- **身体代谢和体温**：当体温上升时，我们的代谢就会加快，也会感觉时间过得慢。同时，代谢越好的人活动量越大，在相同的时间内发生的事件也会增多，这也是我们觉得时间过得慢的原因之一。

前面介绍了导致个体差异产生的多种原因，即使没有特意确认研究数据，我们也容易理解，时间管理术的效果因人而异。

实际上，观察历史上的伟人们的时间安排，也没有发现明显的共同点。康德每天只工作 1 小时就写出了《纯粹理性批判》，达尔文从早上一直工作到深夜才创立了进化论，伏尔泰从凌晨 4 点一直写作到深夜，最终成为法国启蒙时代最重要的思想家之一。他们每个人都按照自己的想法利用时间并取得了巨大的成就。

更进一步说，本章提到的个体差异只是无数因素中的一部分。此外，我们还发现了"时间脉络"和"决策风格"等多种原因，如果全部加以详细研究，也许又能写成一本书。

影响因素有很多，普通人逐一确认每种时间管理术的有效性是不现实的。为了满足"想有效利用时间"这一简单的想法，我们同样需要简单的框架。

为什么我们能感觉到时间的流逝

为了构建正确的时间管理框架，本章接下来将深入探讨"时间是什么"这一根本问题。要想弄清时间管理术发挥作用的条件，找到正确的时间管理之路，我们必须认清"时间"的本质。

也许有人想立刻知道答案，但这也不能解决问题。正如前文所述，大部分人无法有效利用时间，是因为对时间的理解不够充分。

- 时间的流逝是什么样的现象？
- 人类是如何看待时间的？
- "有效利用时间"是什么样的行为？

没有弄清这种根本性的问题就寻找对策，就像不做任何检查就思考疾病的治疗方法一样。不管是什么样的疾病，我们都首先要找到病因在哪里，否则就无法治疗。

为了思考时间之谜，让我们再次回到奥古斯丁的疑问，也就是"我们为什么能体验时间"这一问题。

我们在日常生活中能真切地感受到时间的流逝。"看了看表，已经是中午了""看了看日历，今年还剩两个月"，这类基于客观指标的体验自不必说；"时间从过去走向未来""过去的时间一去不复返了""今年一年过得真快"，我们每天都带着这样的主观体验生活，对这些没有过什么疑问。因为这些感觉很平常，所以我们也不会觉得不可思议。

仔细想想，这是不是很不可思议呢？

我们所体验的时间的流逝与视觉、听觉、触觉等不同，没有对应的专用感觉器官。人体内部或外部都没有为体验时间而准备的特别的感觉传感器，相反，我们有能看东西的眼睛，有能听声音的耳朵，也有能感知所触摸东西的皮肤。

打个比方，这种现象就像在漆黑的房间里也能看到室内的各个角落一样。尽管没有任何传感器，但每个人都能感受到时间的流逝，所以奥古斯丁产生了疑惑也是很正常的。

这确实是一个谜，为何人们在没有专用感觉器官的情况下感受到了时间的存在，人类感受到的时间绝不是具有物理性质的存在。这一过程没有涉及像"光粒子的运动"或"气压的变化"这种实体变化，但每个人都认为时间的流逝是理所当然的。如果能找到像"时间粒子"这样的物质，问题就会得到解决，但没有这样的物质。

那么，我们在日常生活中体验到的"时间"，感知的究竟是什么呢？

人类的大脑总是在计算概率

尽管没有任何物理性质的实体，但不知为什么，我们都能体验到"时间的流逝"。这是一个难题，值得庆幸的是，随着近几年认知科学的发展，出现了有助于解开时间之谜的新观点，主要内容如下。

● 人类的大脑总是在计算概率。

近年来，在维持生物系统、控制身体活动等人类大脑的各种功能中，认知科学更加重视"估算概率的功能"。"人类的大脑总是在计算概率"这一观点最初是由神经科学家霍勒斯·巴洛等人在 20 世纪 50 年代提出的，后来它在行为科学和认知科学等各个领域都得到了验证。

提到概率这个词，你可能会想到数学中的"情况数"和"组合"等词。但是，这里的概率是指在你没有察觉的情况下，大脑在无意识中进行的计算。

为了理解这种观点，我们来举一个具体的例子。

假设你在没有旅游指南的情况下去文化完全不同的国家旅行。因为语言、货币和习惯都不同，所以你只能摸索着学习当地的规则和生活方式。

在这种情况下，如果你面前的男性突然向你的手吐口水，你会有什么反应？实际上，确实存在有向别人的手吐口水的习俗的部落，他们用这种行为来表示"欢迎"。但是，如果不知道这一事实，大部分人都会反射性地感到轻微的愤怒或困惑。

在产生这种情绪之前，你的大脑大致会经历以下思考过程。

① 因为不知道对方的意图，所以试图从记忆中寻找线索。
② 大脑中浮现"在我国，吐口水是一种侮辱行为"的信息。
③ 推测"如果是那样的话，这次被侮辱的概率也很高吧"。

一旦发生什么情况，我们的大脑就会立刻开始使用记忆数据库进行计算，估算过去的经历符合眼前发生的现象的概率，并根据结果建立自己的反应。最终输出愤怒或困惑的情绪用时不到 1 秒，但我们的大脑已经完成了如此复杂的数据处理工作。

大脑的目的是掌握"人生的概率分布"

让我们继续看刚才这个故事。

你被陌生人吐了口水，反射性地想瞪那个男人一眼，对方的反应却出乎意料。那个男人带着亲切的笑容拉起你的手，开始带你参观周边的商店。

面对这种意外的情况，你的大脑会重新开始计算。

① 因为对方的反应和你预想的不一样，所以你开始修正"吐口水肯定是一种侮辱行为"的最初推论。

② 你开始建立"在这个国家，或许吐口水是一种善意的表现"的新假说，并将其纳入最初的推论中。

③ 但是，仅凭一个男人的行动就得出结论是危险的，所以你可以在最初的概率基础上稍微打个折扣，推测"在这个国

家，'吐口水＝侮辱行为'的概率大约是 80%"。

重新计算对概率的修正程度取决于你脑中存储的数据。

比如，如果有人过去在自己国家有同样的经历，"吐口水 ＝
侮辱行为"的想法就很难被改变；相反，如果有人有丰富的旅游
经验，他们可能考虑这个国家有自己独特的习俗，从而大幅改变
结论，如"吐口水是一种侮辱行为的概率大约是 30%"。

总之，人类的大脑总是在进行类似的计算。

窗外很暗，所以我判断"大概有 70% 的概率下雨"，但是天
放晴了；我想"如果迟到，我 100% 会被骂"，但是对方什么也没
说；因为没有好好学习，我认为自己"100% 考试成绩不及格"，
但还是及格了。

**每当发生意外事件，我们的大脑就会重新计算概率，更新概
率数据库**。

人类的大脑之所以具备这种功能，是因为它在进化过程中对
人类的生存有很大帮助。如果我们不能推算概率，就无法根据过
去的信息计算出异常事态发生的概率，进而判断未来的情况。

草丛剧烈摇晃时，潜伏着猛兽的概率高。

远处狼烟升起时，受其他部落袭击的概率高。

阴雨绵绵时，降温的概率高。

在大约 600 万年前，在我们的祖先持续进化的世界中，能否根据过去的数据判断危机发生的概率决定着人们的生死。越是能在脑内建立准确度高的数据库的人，越能在生存竞争中坚持下来。

牛津大学的认知科学家克里斯托弗·萨默菲尔德等人这样评价这种机制："我们的大脑天生擅长统计。"也就是说，大脑是一台推理机器，它会根据我们所经历的事情进行统计分析，试图掌握"人生的概率分布"。

你体验到的"时间"的本质是什么

让我们回到最初的问题。

古代哲学家提出的问题是："人类只具备体验'现在'的功能，从过去到未来的时间流逝是否只是意识的错觉？"我们没有时间感觉器官，只能认识由每一个瞬间组成的现在，可以说总是被困于"微小的现在"。尽管如此，为什么我们仍然能感受到时间的流逝呢？

答案可以用下面这句话概括。

- 人类无法感受到时间的流逝，我们把世界的变化率称为
  "时间"。

我来详细说明一下。

比如，拆除大楼的专业人员拆除了一座巨大的建筑，之后形成了堆积如山的瓦砾。看着这堆瓦砾，没有人会认为"这些瓦砾会自然地飘浮到空中，不久就会组装成一座宏伟的大楼"，但几乎所有人都会认为"可能因为大楼坍塌了，才有了堆积如山的瓦砾"。这时，人们的大脑会进行以下信息处理。

① "堆积如山的瓦砾"的情景作为视觉信息传递给大脑，人们从记忆数据库中提取关于"瓦砾"的信息。

② 用记忆数据进行概率计算，推测"这堆瓦砾原来很有可能是一座建筑物"。

③ 再次进行同样的计算，推测"因为这堆瓦砾不会自然地组装起来，所以如果没有人清理，今后很有可能继续保持这种状态"。

大家可能注意到，步骤②中产生的是"过去"，步骤③中产生的是"未来"。这两种情况都是大脑根据"眼前有瓦砾"的现

在的信息进行计算，创造出"过去或未来发生概率较高的世界"。
这就是你在日常生活中体验到的"时间"的本质。

时间管理的简单框架

因为这个问题难以理解，所以我用比喻来说明一下。大脑创造
时间的机制，就像一边看着一张照片一边描绘过去和未来的行为。

看着自己孩子的幼儿园毕业照片，你心想："以前那么小的
孩子，居然明年就成年了。"

看着自己年轻时的样子，你苦恼地想："现在胖了很多，我
必须瘦下来……"

看着昨晚的晚餐照片，你心想："真好吃，下次再吃一次吧"。

无论以上哪个事例，在大脑中都是从一个静止的图像扩展到
多个图像，过去和未来在人的意识中扩展开来。我们的大脑也会
以"展现在眼前的一瞬间的情景"为线索计算概率，然后按需创
造过去和未来。

但是，大脑的这种功能与"看着一张照片描绘过去和未来"

的行为相比，处理速度有很大不同。人类的大脑在持续高速计算过去和未来的变化率，这一过程让我们体验到一种时间流逝的感觉，就像在电影院里连续观看每秒 48 帧的静止画面，我们就能感受到一段连贯的动态画面一样。

考虑到大脑具有计算概率的功能，我们可以这样表达所感受到的过去和未来。

- 未来 = 大脑对当前状态之后发生概率高的变化的"预期"。
- 过去 = 大脑对当前状态之前发生概率高的变化的"回忆"。

让我们再思考一下刚才提到的拆除大楼的例子。

当你看到堆积如山的瓦砾时，你的大脑会首先访问记忆数据库，开始检索"有没有类似的记忆"。它根据检索到的记忆进行概率计算，并创造出"这是拆除建筑留下的瓦砾"的过去。这个过程就是"回忆"。

你的大脑还会根据回忆的结果开始计算下一次可能发生事件的概率，最后创造出"如果没有人清理，这堆瓦砾就会一直这样"的未来。这个过程就是"预期"。

看了上述讨论，答案应该已经很明确了。

我们本来就感受不到从过去到未来的时间流逝。正如奥古斯丁所言，人类能够认识的只有现在，后来你只是把"时间"的概念套在了上面而已。从这个角度来看，无论是奥古斯丁提出的"时间＝意识的错觉"，还是亚里士多德提出的"时间＝变化的数量"，都可以说是正确的。

至此，我们终于到达了本节内容的终点——"时间管理的简单框架"，它的主要内容如下。

- 正确的时间管理术是调整你的"预期和回忆"的时间管理术。

我们可以用"预期和回忆"这两条轴来看待世界上的所有变化，并将其解释为主观的时间流逝。正如前文所述，客观的时间管理术是存在天花板的，所以接下来，我们只能调整意识内部的时间，即"预期和回忆"。

为什么时间管理术对有些人有效，对有些人无效

但是，如果突然告诉大家要通过"预期和回忆"来管理时间，大部分人都会感到困惑。大家可能还没有发现这种思维方式究竟对时间管理有什么帮助。

接下来，我们将使用"预期和回忆"的框架，重新解释传统的时间管理术。我们将从"预期和回忆"的角度重新审视日历和待办清单等常见的技巧，思考使用每种技巧效果好和效果差的人的区别。这将有助于加深我们对"预期和回忆"的理解，也能使我们了解与时间管理术效果有关的个体差异。

① 为什么使用日历对有些人有效，对有些人无效

首先来验证一下日历的功效吧。

把计划写在日历上是一种基本的时间管理术，但是，正如序章所言，时间管理术提高效率的效果有限。怎样从预期和回忆的角度对这种现象进行定位呢？

从结论上来说，容易通过使用日历提高效能的人是"预期的现实感弱的人"。

预期是对未来发生变化的可能性的计算，它在你的大脑中建立了一个关于未来的粗略心理模型，类似于天气预报中的降水概率。比如，"下个月我有 60% 的概率写结算单""明天我有 90% 的概率打扫房间"。

但是，有些人很难从预期的心理模型中感受到现实感。这种

人不擅长将预期的心理模型视为自己的事情,容易觉得"下个月的计划好像是别人的事情""一年后的自己就像是别人"。

这种现象被称为"时间分离",有些人甚至对几小时后的自己都很难产生现实感。目前还不清楚预期的现实感存在个体差异的原因,有些理论认为是由脑内分泌的神经递质的量和天生的性格造成的,但还没有明确的答案。

预期的现实感弱会导致个体工作效率低下。如果不能把明天的安排当作自己的事情来对待,个体就不会产生危机感,甚至根本不想有效利用时间。

但是使用日历可以在一定程度上缓解这种情况。比如,"15点开始写企划书""2个月后有升职考试",个体写下日程安排,预期的心理模型就会变得清晰,多少会对将来的行动产生现实感。

说到日历的优点,人们会想到"可以估算工作所需的时间""不会忘记日程安排"等,但真正重要的是"加强预期的现实感"功能。

反过来说,如果你是一个"预期的现实感强的人",那么即使在日历上做了周密的日程安排,可能也不会有什么效果。

② 为什么待办清单对有些人有效，对有些人无效

接下来我们来思考一下"待办清单"。众所周知，待办清单是一种个体把当天要做的任务全部写出来，再按照顺序完成的技巧。正如序章所言，待办清单和其他技巧一样，虽然知名度很高，但效果并没有得到证实，只有一部分人提高了效率。

那么，什么样的人能通过待办清单提高效率呢？

社会心理学家罗伊·鲍迈斯特提出了一个有趣的观点。他认为，使用待办清单有效的人，因为没有达成目标而产生的认知的消极影响较少。这究竟是怎么回事呢？

在鲍迈斯特等人做的实验中，研究团队召集了学生被试，要求其中一半人做一份待办清单，列出他们在日常生活中没有完成的事情，然后让他们阅读与待办清单完全无关的小说。待办清单本来的使用方法是按顺序完成清单中的任务，但研究团队特意让他们执行与待办清单无关的任务，调查两个小组之间的差异。

结果很有趣。事先列好待办清单的小组比没有列待办清单的小组更能集中注意力阅读小说，在阅读过程中不容易走神。

我来说明一下原因。首先，比起已经完成的任务，我们的大

脑容易关注尚未完成的任务或中断的任务。比如，没有整理完的衣柜、没有处理完的请款单、做到一半的演示资料、嫌麻烦而没有回复的邮件。

你的大脑下意识地对这些未完成的任务感到焦虑，并在你做其他事情时将资源分配给它们。因此，分配给眼前工作的处理能力就会下降，最后整体的效率也会降低。这种现象在认知科学中被称为"注意力残留效应"。

但是，如果事先列好待办清单，我们的大脑就会做出有趣的反应。把所有未完成的任务都写出来，大脑就会认为"这个任务已经处理好了，所以很安心"，开始将资源释放到眼前的工作中。也就是说，待办清单之所以能很好地发挥作用，是因为所有未完成的任务都被呈现了，大脑十分安心，开始对眼下做的事发力。如果用预期和回忆的框架来解释，对于具有以下特点的人，待办清单容易产生效果。

● 预期过多的人

在做不同的工作时，他们的脑海中总是浮现未完成的计划，比如，"忘记收集资料了，做完这件事情之后再做吧""房间打扫到一半，回去后必须继续打扫"。

- 有消极回忆的人

这种类型的人容易被消极的想法所困扰，比如，"这项任务以前也做不好""是不是忘了带明天要用的资料"，他们容易被焦虑困扰。

这两种类型的人有一个共同点，那就是被脑内突然涌现的图像困扰，导致大脑功能下降。相反，对于不太在意过去的人或擅长处理多项任务的人，待办清单很难产生效果。

③ 为什么时间日志对有些人有效，对有些人无效

我们再来思考一下"时间日志"，这是一种持续记录自己工作的开始时间和结束时间的技巧。人们认为在多次记录的过程中，可以更好地估算工作时间。

不过，这种技巧的效果与其他技巧一样，只有一部分人证实使用时间日志可以提高工作效率。我们应该如何看待这种方法呢？

从结论上来说，"回忆偏差大的人"或"回忆过于积极的人"使用时间日志更容易提高工作效率。

- 他们认为"上周很顺利，所以这次也不会有问题"，但实际上他们快到截止日期时非常慌张。
- 他们在现实中得到了别人的帮助，却断定"我平时一个人能处理，所以这次也不会有问题"。

这样一来，很多人可能低估"完成任务所需的时间"或"完成任务所需的个人能力"，因为他们的回忆无法反映实际情况。我也经常陷入这种模式，经常低估写作所需要的时间。

我将在第 3 章详细说明这个问题发生的原因，这方面的典型案例是"波丽安娜效应"。比起不愉快的事情，人们更容易准确地记住愉快的事情，这种认知偏差就是"波丽安娜效应"，它是以埃莉诺·霍奇曼·波特（Eleanor Hodgeman Porter）的小说《波丽安娜》中的主角的名字命名的，她总是从所有的状况中寻找积极的一面。

波丽安娜效应强的人，比起不愉快的信息，会优先将愉快的信息导入大脑。因此，大脑只储存对他们有利的数据，比如提前完成任务的经验或独自完成困难项目的记忆，结果他们只能回忆起那些美好的记忆。

当然，乐观地看待事物不是坏事，它可以防止心情低落，也便于个体建立自信。但是，如果总是用玫瑰色的镜片观察过去，就无法真正进步。

时间日志对这类人有效的原因无须赘述。如果我们平时就在时间日志中记录过去是怎样利用时间的，即使后来产生了积极的回忆，也能及时回顾这些"确凿的证据"。这就是时间日志只对一部分人有效的原因。

④ 为什么"如果－那么"计划对有些人有效，对有些人无效

接下来介绍一下"如果－那么"计划。这是哥伦比亚大学的心理学家海蒂·格兰特·霍尔沃森在《高效达成目标》一书中提出的著名技巧，它的有效性已经在超过数百项实验中得到了验证。这种技巧的实践方法很简单，你只须把具体的目标放到"如果 X 那么 Y"或"X 了就 Y"的句式中。比如，"到了 18 点就去运动""到家后先洗手"，给自己设定的目标提供具体的行动契机就可以了。

这种技巧效果惊人。心理学家彼得·高维策等人的调查显示，与没有使用任何技巧的人相比，使用"如果－那么"计划的人养成运动习惯的可能性要高 3.5 倍，学习任务的完成度高 2.3 倍。因此，这种简单有效的技巧很受欢迎，被多本书籍称为"提高效率的最强技巧"。

但是，世上没有对所有问题都有效的"万能药"。研究显示，"如果－那么"计划也和其他技巧一样，对有些人有效，对有些人无效。

在加利福尼亚大学的研究团队做的一项实验中，研究团队要求工商管理专业的硕士生将"如果－那么"计划用于做饭、打扫房间等日常目标，然后将全体人员分成两组，一组专注于一个目标，另一组追求多个目标，实验结果如下。

- 只专注于一个目标的小组，通过"如果－那么"计划取得了成果。
- 当"如果－那么"计划被用于多个目标时，不但难以取得成果，而且个体效率下降了。

"如果－那么"计划对一个目标是有效的，这与以前的报告没有什么不同。但是，当同时追求多个目标时，它的效果就会变差，有些人的工作效率甚至下降了。

出现这种问题的原因很简单，因为一次在多个目标上使用"如果－那么"计划，会让人觉得工作难度提高了。比如，只是以"运动"为目标制订计划，和以"运动""调查业务内容""回复对方邮件"等三项任务为目标制订计划，哪个更困难不言而喻。即使每个目标看起来都很容易实现，多个目标组合起来也会让人感觉难度比实际高，最后个体的执行力会降低。

同时，研究团队还指出，由于设定了多个目标，个体被其他目标吸引注意力的次数将增加，从而导致无法集中注意力在一项"如果－那么"计划上。这种现象与上文提到的"注意力残留"相似，因为设定了多个目标，所以我们的大脑很难将注意力集中在眼前的任务上。

遗憾的是，在日常生活中，一天只制定一个目标的情况可能很少。如果是"吃蔬菜""运动"等日常习惯倒还好，而在每天的学习或工作中设定多个目标是很常见的，在这一点上，"如果－那么"计划就不是万能的。使用"如果－那么"计划效果不好的人有以下特征。

- 预期多的人

"预期多"是指一种你的大脑计算的"将来会发生的概率很高"的预期图像数量多的状态。相信大家都有过因要做的任务太多而焦虑的经历吧，如"明天要交文件""16 点开始运动"。这时，你的大脑中同时存在多个预期图像，你的注意力也会被分散。因此，"为了减肥而运动"这一目标的执行力就会减弱，"如果－那么"计划很难对你发挥作用。

- ● 回忆过于消极的人

"如果－那么"计划是一种容易受主观任务难度影响的技巧。如果你内心深处觉得"这或许是不可能的"，那么无论你制订了多么好的执行计划，也不太可能发挥作用。

在这一点上，消极回忆越多的人，"如果－那么"计划就越难对他发挥效果。每次他在看计划时，都会唤起"一周前类似的任务花了很多时间""同样的任务失败了好几次"等消极印象，对计划的执行力也相应下降。

用"预期和回忆"的框架抓住时间管理术的要点

综上所述，时间管理术的效果存在差异的原因大致可以分为两种。

① 预期偏差 = 对以后会发生的事情的概率估算不准确。
② 回忆偏差 = 对以前发生的事情的概率估算不准确。

这样就容易理解了。比起考虑数百种"个体差异"，使用"预期与回忆"的框架更容易抓住时间管理术的要点。

最后，让我们总结一下上文提出的问题的答案。

- **体验到时间的流逝是什么样的现象?**
  → 用发生概率来解释事物的变化和联系的现象。

- **人类是如何看待时间的?**
  → 人们实际上没有感受到时间的流逝，只是将"时间"的概念套用在事件变化的概率上。

- **"有效利用时间"是什么样的行为?**
  → 是一种根据目标来调整预期和回忆的行为。

以上就是本章的内容。从下一章开始，我们将根据每个人天生的性格和思维方式，找出真正实用的时间管理术。

为了方便大家实践，我们在本书最后还附上了一份技巧清单，请在实践时灵活使用。

第 2 章

想象未来

——调节"预期"进行时间管理的 13 种技巧

"诗人回忆未来。"

——让·科克托

预期现实感强的人资产总额更高

上一章的结论是根据目标调整你的预期和回忆。我们感受到的时间的流逝，不过是脑内发生的一系列"预期和回忆"，因此我们经常出现所想与现实不一致的情况。如果不能理解这一点，使用时间管理术就可能适得其反。也就是说，要想真正有效利用时间，我们必须遵循以下步骤。

① 了解自己在时间感觉方面的"个体差异"。
② 根据"个体差异"选择合适的技巧。

就像名匠的刀剑不适合用来做家常菜一样，无论多么有名的时间管理术，如果没有被用在合适的场合，效果也不会明显。无论做什么事都要人尽其才、物尽其用（见图 2-1）。

1
大部分人使用
时间管理术没什
么效果

只有一部分人
使用时间管理术
有显著效果。

2
如果取所有数值的平均
值，使用效果好的人数值
会被平均，最终时间管理
术所呈现的效果不佳

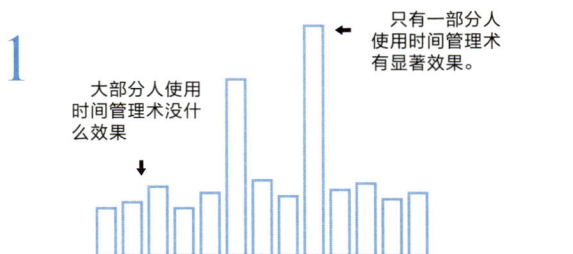

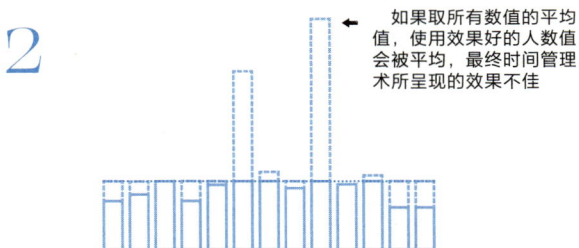

3　所有的时间管理术都有同样的倾向，这是因为每个人
的预期和回忆偏差不同

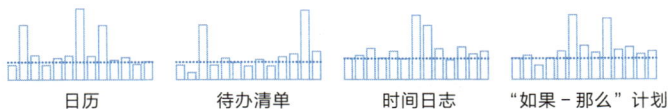

日历　　　　　待办清单　　　　时间日志　　　　"如果－那么"计划

4　因此，只有选择适合自己预期和回忆偏差的技巧，才
能使时间管理术发挥好的效果

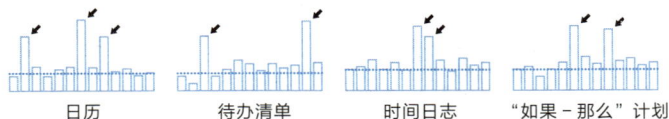

日历　　　　　待办清单　　　　时间日志　　　　"如果－那么"计划

图 2-1　如何正确利用时间管理术

从本章开始我们将进入实践篇。我们将使用"预期和回忆"的框架，首先解决"预期"的问题。在提出具体方案之前，让我们做个简单的头脑体操。

如果让你想象一下 10 年后的自己，你会认为自己是什么样的人？

这个问题寻求的，不是"变得苗条了""我看起来成功、幸福"等你的理想形象。这里希望你思考的是，"你能切实感受到，想象中的自己是真实的自己吗"。

你能感觉到脑海中浮现的 10 年后的自己是上了年纪的自己吗？还是会觉得这只是想象的产物，就像想到熟人或陌生人一样？

如果你感觉这个问题难以理解，请一边看图 2-2，一边思考"我感觉我和 10 年后的自己有多大联系"。

如果觉得 10 年后的自己和现在的自己完全是同一个人，那就打 7 分，如果觉得 10 年后的自己就像是别人，那就打 1 分。

"10年后的自己"衡量标准

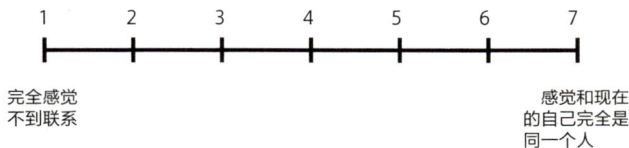

图 2-2 "10 年后的自己"衡量标准

以上问题是为了调查后文"预期的现实感强度"而使用的测试。一般认为,回答"感觉 10 年后的自己和现在的自己完全是同一个人"的人预期的现实感强,回答"10 年后的自己就像是别人"的人预期的现实感弱。

虽然这是一项简单的测试,但是预期的现实感强度会对我们的人生造成很大影响。

我们来看看斯坦福大学的研究团队的调查。研究团队按上述标准给参加者的"预期的现实感强度"打分,把得分与所有人的银行卡余额和信用卡余额进行比较。结果发现,各项数据之间存在明显的关联性,感觉与未来的自己的联系为 7 分的人,资产总额比感觉与未来的自己的联系为 1 分的人平均高了 30%。

预期的现实感越强的人资产越多，因为他们能够重视 10 年后才会发生的事。如果个体能深切地感受到"将来的我和现在的我是同一个人"，就会审视 10 年后的自己，从而有更长远的规划。

相反，如果预期的现实感弱，我们就会把未来的自己当作"陌生人"。如果只是把未来的自己当成别人，我们就不会特意花 10 年的时间存钱。

加州大学洛杉矶分校的研究团队的调查也证实了这种倾向，在实验中，研究团队要求参加者"想象现在和未来的自己"，并用扫描仪观察他们的大脑。结果显示，预期的现实感弱的人在思考"现在的自己"时大脑最活跃，而在想象"1 个月～ 10 年后的自己"时，大脑的活动模式与思考他人的事情时非常相似。

预期偏差不仅会影响资产，还会影响效率。这是因为我们每天所做的工作常常要求我们牺牲现在的欲望，以取悦未来的自己。

为了准备考试而不玩游戏。
为了制作会议资料而拒绝聚餐。
因为早上要开会，所以没看电视剧就睡觉了。

　　这些行为之所以成立，归根结底是因为我们能感受到"预期的形象"的现实感。

　　"迎接正式考试的自己""沉浸在制作资料的成就感中的自己""头脑清醒地出席会议的自己"，如果你只是把这些预期的形象当作别人的事情，就不会有"明天也要加油"的想法。

影响时间感觉的四种预期模式

　　那么，我们产生的"预期偏差"有哪些"个体差异"呢？

　　大多数人的预期偏差在以下四种类型之中。

　　① 预期过弱：感觉不到自己与"未来的形象"有联系。
　　② 预期过强：感觉到自己与"未来的形象"有联系。
　　③ 预期过多："将来可能发生的事件数量"多。
　　④ 预期过少："将来可能发生的事件数量"少。

　　前两种类型与"预期的现实感"有关，关键在于你的大脑是否能对计算出概率的"未来的自己"有现实感。

　　后两种类型与大脑计算出的预期数量有关。比如，"一周后的自己整理文件或准备企划书的概率高", 如果大脑计算出的结果只有 1 ~ 2 个, 就可以称你 "预期的数量少"。相反, "一周后的自己要做文件, 阅读必要的书籍, 寻找资料, 看即将下线的电影, 还可能突然被上司要求帮忙……"如果将来你预期的自己的形象包含多个画面, 就可以称你 "预期多"。

我们将在后面说明每种类型的具体特征。你的预期有怎样的倾向会因天生的性格和现在所处的环境而不同, 不同的组合也会导致时间使用方法产生 "个体差异"（见图 2-3）。

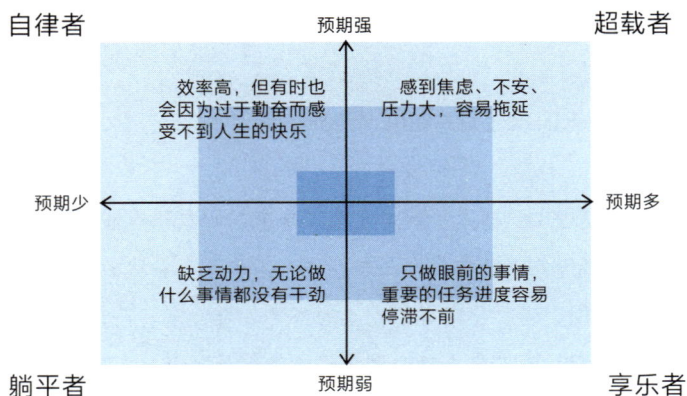

图 2-3　预期的四象限矩阵

图 2-3 的四象限矩阵的横轴和纵轴表示预期的类型, 它由 4 个象限组成。

① 自律者（预期强且少）：个体感觉到与未来的自己有很强
的联系，清楚应该做什么。因此，能很好地估算时间，效
率也高。但是，需要注意的是，如果预期过强，也会产生
相应的副作用（后文将详细介绍）。

② 超载者（预期强且多）：个体虽然感觉与未来的自己有很
强的联系，但需要做的事情太多。因为每项任务之间都有
很强的联系，所以容易产生强烈的焦虑感和压力感，最终
导致无法顺利进行任何工作。

③ 享乐者（预期弱且多）：个体虽然感觉不到与未来的自己
有联系，但脑海中会浮现各种需要做的事情。因为很难对
遥远的未来的任务产生现实感，所以容易优先处理不重要
的眼前的工作，经常会有浪费时间的感觉。

④ 躺平者（预期弱且少）：个体感觉不到与未来的自己有联
系，能想到的需要做的事情也有限。对未来感到迷茫，激
发具体行动的目标少，所以这种类型的人容易懒惰和缺乏
动力。

　　预期的强弱与多少的组合，会使我们的时间感觉产生多种
"个体差异"，影响最终的效能。当然，适合每种类型的时间管理
术也不同，所以必须根据"预期偏差"选择合适的对策。

　　那么，让我们来看看每种"预期偏差"对应的时间管理
术吧。

接下来我们要介绍的技巧都包含 1 个"主要技巧"和 2 ~ 3 个"辅助技巧"。主要技巧，顾名思义，是纠正"预期偏差"效果最显著的技巧，所以建议大家先尝试主要技巧。虽然辅助技巧不如主要技巧效果显著，但更容易实践。在熟悉了主要技巧之后，你可以追加使用辅助技巧。

在选择使用哪种技巧时，除了参考"时间人格测试"的结果，你还要观察自己的感觉。如"在处理文书工作时，我的预期符合四象限中的哪个象限？""学习时的预期会发生怎样的变化？"你需要观察自己对每项任务的感觉是否发生了变化。

在本章最后，我们还将介绍针对不同的预期模式，应该结合哪些技巧来实践，供大家参考。

01 [预期偏差①]
预期过弱

"预期过弱"是指前面多次提到的"感觉不到与未来的自己有联系"的状态。如果你预期过弱，就会觉得未来的自己就像别人一样，因此你越是做长期项目，越无法准确地估算时间。

预期越弱的人工作效率越低，还有一些研究指出了以下问题。

- **大学成绩差**：预期弱的人往往开始学习得晚，平均成绩较低。
- **无法控制情绪**：预期弱的人往往对自己的攻击性行为的后果不敏感，无法控制眼前不愉快的情绪，对烟、酒等能轻松改变心情的物质的消耗量也会增加。
- **健康水平下降**：在一些实验中，预期越弱的人对将来的健康意识越差，因此很难养成运动的习惯，肥胖和心脏病的发病率也较高。

如果你对这些现象有印象，就只能通过某种技巧加强预期的现实感。以下技巧可能会在这方面有所帮助。

［主要技巧］时间盒

1958 年，英国历史学家帕金森指出："工作会自动增长并占满所有可用的时间。"这表明了这样一种普遍现象，即使是一周就能完成的工作，如果你给了两周的时间，那么完成工作肯定要花两周。

虽然这只是根据经验总结出来的规律，但很多人都有同感。我们经常看到这样的情况：以前需要一整天才能完成的文件，在上司下达紧急任务后，同样的工作只需要半天时间就能完成。本来有半天就能做好文件的能力，但如果给了"一天"时间，你就会想把这段时间填满。

预期越弱的人越容易出现这种现象。因为设定的截止时间比较长，所以会让人感觉未来的自己更加遥远，无法准确地估算时间，导致"帕金森定律"启动。

要解决这个问题，最适合的技巧就是"时间盒"。这是信息工程师詹姆斯·马丁（James Martin）为软件开发提出的技巧，是预先为特定任务分配一定的时间，在设定的时间内完成工作的简单技巧。

分配给任务的时间被称为"盒子"，在盒子中设定具体的期限、目标、成果等是时间盒的基本内容。到了事先决定的时间，即使工作还没结束也要结束工作。

虽然这种技巧简单，但它得到了专家的高度评价。某知名人工智能开发公司的研究显示，与待办清单和艾森豪威尔矩阵等著名技巧相比，时间盒对"预期弱的人"的效果更好。建议正为相关问题而烦恼的人首先尝试这种技巧。

时间盒由四个步骤组成。

步骤 ❶ 寻找合适的任务

首先选择合适的任务。任何任务都可以使用时间盒，但在习惯之前，建议主要选择以下任务。

- 需要很长时间才能完成的任务：很少有人喜欢费力的工作，但一般来说，对于需要花费时间的工作，预期越弱的人越容易拖延。因此，越是大型项目越适合使用时间盒。
- 没有刺激的任务：刺激少的任务，比如整理房间或整理邮件，也适合使用时间盒。因为预期弱的人不擅长处理刺激少的任务，所以如果不事先设定最后期限，他们很难感受到工作与未来的自己有联系。

步骤 ❷ 设定工作目标

在确定了任务之后，你需要思考"我想通过这项任务达成什么目标"和"我想在什么时间之前达成目标"。

以我为例，要出版一本书，我需要写 10 万字，我决定用 90 天来完成这项工作。如果使用时间盒来完成这一目标，首先我会从所有日程中抽出 10 天左右的时间，以便有时间修改原稿和应对相关问题，然后设定一个目标："在 80 天内写出 10 万字"。要想在 80 天内写出 10 万字，我需要每天写 1250 字，这就是分配到一天的时间盒的目标。顺便说一下，10 天这个数字是根据过去的经验计算出来的，具体技巧请参考"时间日志"。

在这个例子中，我们以写作量为目标，也可以以时间长度为目标，比如，"花 15 分钟整理房间""花 10 分钟集中精力收集资料"。总之，关键是要设定一个可以清楚地用数值把握的目标。

步骤 ③ 用倒推法设定时间

确定了任务和目标后，接下来就要为该任务分配时间并填写日历，这里只需要决定开始和结束的时间。

以我为例，要想在 80 天写出 10 万字，我每天需要写 1250 字。我还有运动和写博客等任务，不可能把一整天时间都花在写书上。因此，为了计算出可以用于写作的总时间，我可以将其他应该优先完成的任务放入时间盒中。

任务的优先顺序可以根据你的主观感受来决定，如果你觉得难以判断，请按照以下顺序进行判断。

① 自己：与自我照顾有关的任务，比如，睡眠、运动、放松等。

② 人际关系：与人际关系有关的任务，比如，与朋友聚会、与伴侣的休闲时间等。

③ 工作学习：与商务或学习有关的任务，比如，做文书、做企划、准备考试等。

很多人喜欢从工作或学习开始考虑分配时间，但一张忽视自我照顾和人际关系的日程表就像一辆没有加满油却一直在跑的汽车，或许在一开始你能和周围的人拉开差距，但最终也许会将汽油耗尽或发生一些小事故。

以我为例，我会首先确保自己有足够的睡眠，然后按照运动、兴趣爱好、和朋友聚会的顺序，在计算机的日历中创建时间盒。然后，我计算出剩余的时间，发现我一天最多可以用两小时来写书。

表 2-1 列举了我典型的一周的时间盒，供大家参考。至于你想把时间详细规划到什么程度，可以根据自己的情况决定。

步骤 ❹ 评价结果

接下来，你只须按照设定好的时间盒处理任务。即使在规定时间内没有完成任务，时间一到也要停下来，转到下一个时间盒。

表 2-1　作者的一周时间盒

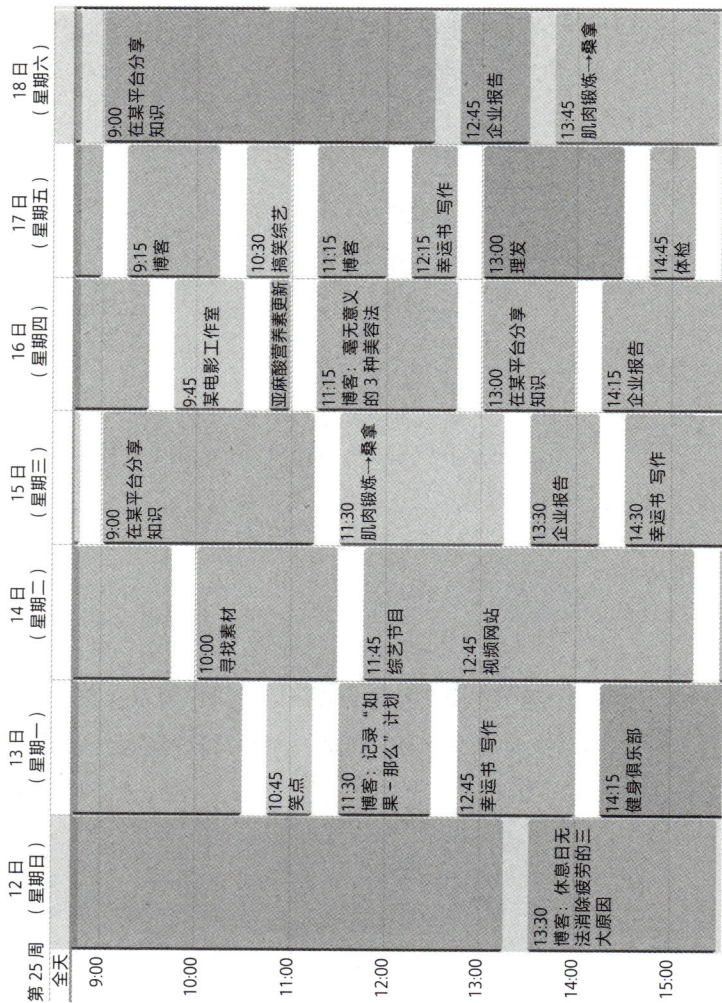

第25周全天	12日（星期日）	13日（星期一）	14日（星期二）	15日（星期三）	16日（星期四）	17日（星期五）	18日（星期六）
9:00				9:00 在某平台分享知识		9:15 博客	9:00 在某平台分享知识
10:00		10:45 笑点	10:00 寻找素材		9:45 某电影工作室	10:30 搞笑综艺	
11:00		11:30 博客："记录知果一那公"计划	11:45 综艺节目	11:30 肌肉锻炼→桑拿	亚麻酸营养素更新 11:15 博客：毫无意义的3种美容法	11:15 博客	
12:00		12:45 幸运书写作	12:45 视频网站			12:15 幸运书写作	12:45 企业报告
13:00	13:30 博客：休息日无法消除疲劳的三大原因			13:30 企业报告	13:00 在某平台分享知识	13:00 理发	13:45 肌肉锻炼→桑拿
14:00		14:15 健身俱乐部		14:30 幸运书写作	14:15 企业报告		
15:00						14:45 体检	

一天的时间盒结束后，你要在当天对结果进行评价。思考"目标达成了吗""没有按照计划进行是因为在什么地方出了问题"，然后把当天没有完成的任务重新分配到第二天的时间盒中。这样你就完成了一个时间盒。

实际尝试过就会发现，在用时间盒做计划时，预期越弱的人越能缓解焦虑和不安的情绪。因为把所有的任务都放进时间盒里，会让人们觉得更接近未来的自己，产生能用自己的意志控制时间的感觉。难以对未来的自己产生现实感的人请一定要试试这项技巧。

［辅助技巧①］分解

社会心理学家贾斯汀·克鲁格（Justin Kruger）指出，很多人无法正确预测完成任务所需的时间，是因为无法将工作充分地进行要素分解。"分解"是将一项工作分解成小步骤的技巧，明确从现在到未来的步骤。如果你的任务是"完成文件"，那么你可以将其分解成"收集信息→提取必要的数据→分条列出框架→整理成文"等小要素。

以我为例，我将分解与时间盒相结合，在计算机的日历上分配好一天的时间后，分别对每个时间盒进行分解。比如，我给"写书"这项任务上分配了一个小时，再将其分解为"筛选信息

（15 分钟）→信息归纳整理（10 分钟）→将信息译为日语（10 分钟）→写作（25 分钟）"等要素，并写在电子手帐上。

［辅助技巧②］愿景练习

"愿景练习"是卡尔顿大学的心理学家伊夫 – 玛丽·布劳因 – 休顿等人开发的技巧。这种技巧对预期弱的人效果非常明显。研究团队对学生进行了测试，结果显示，每天花 10 分钟进行愿景练习的小组感觉自己与未来的自己联系加深了，在之后进行的定期测试中，他们的工作效率比实验前提高了 30%。这项技巧包括以下步骤。

步骤 ❶ 选择任务

选择一项你想有效利用时间的任务，可以是"制作企划书"之类的与工作相关的任务，也可以是"运动"等私人任务，请选择自己喜欢的事情。

步骤 ❷ 放松

在开始练习之前，首先要放松身体。坐在椅子上，闭上眼睛，用鼻子慢慢吸气 5 秒，屏住呼吸 1 秒，然后用嘴呼气 5 秒。重复这个步骤，直到全身放松。

步骤❸ 想象

身体放松后，想象自己在步骤①中选择的任务快到截止日期了，并尽可能具体地想象这一情景的细节。

那时你在哪里？是一个安静的空间，还是嘈杂的空间？空气中飘着什么香味？你穿的是什么衣服？你是不是在和别人聊天？任务快到截止日期了，你的心情如何？这项任务进展如何？

在连续想象 3 ~ 7 分钟后，把注意力从想象中的自己转移到呼吸上，慢慢睁开眼睛。练习到此结束。

布劳因 - 休顿等人建议每天练习这项技巧 10 分钟，至少坚持一个月。从测试的数据来看，很多做过"愿景练习"的人在练习完之后感觉与未来的自己联系加深了，即使只练习过一次，也能取得一定的效果。在由于预期弱导致工作积极性不高的时候，你可以尝试这项技巧。

［辅助技巧③］角色书信

"角色书信"是指给未来的自己写信的技巧，其目的是通过书信来找回"联系"的感觉，因为预期弱的人容易对未来的自己没有现实感。

虽然听起来有些幼稚，但自 20 世纪 90 年代以来，角色书信已经被广泛用于教育领域，主要在改善儿童心理健康方面取得了成果。近年来，它在改善预期弱这一方面的效果也逐渐得到认可，它还可以被用于大学生的职业选择过程，提高商务人士的工作效率。

角色书信包括以下步骤。

步骤 ❶ 设想写信

想象"3 年后的自己"，给自己写一封"倾诉烦恼"的书信。请注意书信的内容要包括"烦恼的具体内容"和"自己现在的想法"。

例如，"我正在为职业选择而烦恼，是应该学习统计、会计等新领域，还是应该深耕现在的工作所需的技能？我现在也在考虑辞职，学习新技能，你怎么看？"

步骤 ❷ 设想回信

重读步骤①中的书信，这次假设自己是"3 年后的自己"，给现在的自己回信。请注意回信的内容要包含具体的建议，比如，"试着考虑一下 ×× 怎么样""试着 ×× 怎么样"。

　　例如，"学习新领域也是一种技巧，但从现实情况来看，这家公司也没有什么特别不好的地方。虽然能理解你的心情，但在现在的公司积累一些经验之后再做决定怎么样？"

　　一项研究角色书信对日本学生的影响的测试显示，给未来和现在的自己写信的学生能更加专注地规划未来的道路，学习热情也更高。另一方面，只给未来的自己写信的学生没有发生同样的变化，为了增强预期，进行双向交流是必要的。

　　实验显示，写一篇文章要花 30 分钟。总之请花 5 ~ 10 分钟与几年后的自己交流。做到这一点以后，你会觉得未来的自己离自己更近，从而能更有效地利用时间。

［辅助技巧④］以日为单位考虑目标

　　"以日为单位考虑目标"是指对于需要几个月到几年的长项目，不要以月或年为单位，而要以日为单位进行思考。比如，如果你 3 个月后要做报告，就将其解释为"90 天后要做报告"；如果 1 年后要考试，就将其解释为"365 天后要考试"。

　　大家可能会怀疑这是否有意义，但单位不同对预期的强弱有很大影响。因为"90 天"比"3 个月"更具体，这让我们的大脑对未来的预期更加清晰。

密歇根大学的研究团队做了一项测试，研究团队问参加者："为了积攒退休后的生活资金，什么时候开始储蓄比较好？"研究团队让一半参加者想象"30 年后退休的自己"，让另一半参加者想象"10 950 天后退休的自己"，结果出现了很大的差异。以日为单位考虑目标的参加者，比以年为单位考虑目标的参加者考虑开始储蓄的时间早 4 倍。

这种技巧虽然简单，却能有效地纠正预期过弱的问题，所以在制订计划之前，不妨以日为单位，想象一下达成目标所需要的时间。

02 [预期偏差②]
预期过强

预期过弱是个问题，但预期过强也会带来麻烦。

预期过强的人对脑海中浮现的预期有很深的执念，容易认为"偏离未来目标的行为是徒劳的、不负责任的"。这样说好听点是禁欲，说难听点就是不会变通。有这种问题的人，会为了长期目标而过分牺牲眼前的欲望，所以会有以下烦恼。

- 无法尽情享受人生。
- 没有时间放松心情。
- 总是觉得必须做正确的事。
- 没有时间享受兴趣爱好或与朋友见面。
- 把大部分时间和精力都花在了提高效率上。

预期过强的人，只要做了稍微偏离长期目标的事，就会有罪恶感。如果对这个问题置之不理，最后会引发职业倦怠，甚至无法达成原来的目标。

比如，在一项研究中，研究团队让预期过强的参加者做以下两件事。

- 回忆一下上周让你选择工作而不是休闲的事。
- 回忆一下五年前的某个时间让你选择工作而不是休闲的事。

结果显示，当他们回忆上周的记忆时，无论他们选择工作还是休闲，后悔的程度都是一样的。但是，当他们回忆五年前的记忆时，选择工作时后悔的程度增加了近 200%，而选择休闲的后悔的程度则减少了一半。随着时间的推移，预期过强的人会越来越觉得他们"失去了宝贵的人生体验"。

其他研究也显示，预期的现实感过强的人大多是工作狂，容易运动不足、饮食不健康、出现人际关系问题。这种类型的人太渴望"提高效率"或"获得未来的利益"，从长远来看会让自己的人生失衡。

我们来看看针对预期强的人，有什么有效的策略。

［主要技巧］预先承诺

"预先承诺"是指事先制定详细的休闲日程的技巧。预期过强的人会想把所有的时间都用在高效完成任务上，所以需要事先安排好具体的兴趣爱好或休闲活动。

具体来说，就是事先安排日后不易取消的活动，比如提前预订取消费用高的酒店，或安排和很多人一起参加的酒会。如果不这样做，预期过强的人就会一直对效率有执念。

预先承诺往往是越提前安排越容易产生效果。如果你正因为预期过强的问题而烦恼，最好提前制订一年后的休闲计划。

［辅助技巧①］提醒

"提醒"是指提醒自己"这个决定将来可能后悔"的技巧。

在一项实验中，研究团队让被试在"现金奖励"和"非金钱奖励"（休假、休闲等）中做出选择，然后只对其中一半的人说："请预测 10 年后你会因为现在的决定后悔到什么程度。"其中大部分人倾向于选择非金钱奖励。另一项调查也显示，被要求"预测将来会后悔到什么程度"的被试，为下一个假期安排的休闲活动增多了。

如果你的预期过强，在安排你的假期计划时，请思考一下"如果做了这个选择，10 年后的自己会后悔吗"。如果能做到这一点，你就能从大局出发，安排与未来的幸福相关的事情。

［辅助技巧②］可视化

"可视化"是将提醒事项进一步细化的技巧。

比如，如果你一直工作，没能好好休假，请思考一下"如果我一直这样工作，一年后会怎么样"。思考时不要单纯想象未来的某一时刻，而是按照从现在到将来的时间线以一周到一个月为单位进行细致的想象，比如，"我现在正在努力工作→一周后我还在努力工作，我开始焦虑了→一个月后我已经筋疲力尽→三个月后我开始新的项目，我更加疲惫了"。

这种技巧在心理学中被称为"未来情景思考"，对预期过强的人有一定的效果。在安排今后的计划时，花 3 ~ 5 分钟将时间可视化比较好。

[辅助技巧③] 功能性借口

"功能性借口"是指当你觉得自己"工作很努力"或者一件东西"在金钱上很划算"时，一定会计划一些"奢侈的休闲活动"。这是哥伦比亚大学的研究团队开发的技巧，心理学家朗·基贝茨对预期过强的人提出了两点建议。

① 在投入高昂的努力成本后，给自己安排享受"奢侈的事情"的时间：当你觉得自己"工作很努力"或已"按计划达成目标"后，一定要去做一些与效率无关的事情。

② 在不需要花费太大金钱成本的情况下，给自己安排享受奢侈事情的时间：如果发现打折券、限时折扣、免费优惠券等十分实惠的活动或服务，则一定要抓住机会。

无论哪种技巧，都能给预期过强的人提供"因为有正当的理由，所以可以不做高效的事情"的"借口"，能调动他们的休息积极性，尝试平时会使他们产生罪恶感的事情。

也就是说，当你觉得自己"工作很努力"或"这样很划算"时，就是把时间花在奢侈的休闲活动或纯粹的兴趣爱好上的机会。如果具备了这些条件，就制订休闲活动或兴趣爱好的计划，比如预约之前就想去的餐厅，购买假日的住宿券。这样就可以尽量避免预期过强带来的消极影响。

03 [预期偏差③]
　　预期过多

　　"预期过多"是指大脑中充满对未来的想象。比如，<u>"明天要开会""必须整理房间"等，因为人们要做的事情太多，注意力会分散</u>。此外，"预期过多"还有两种模式。

- **困惑多**：对于特定的任务，你会感到困惑，心想"这是自己应该做的事情吗""有实践的价值吗"，内心容易动摇。这种内心的迷茫会在大脑中产生多种预期，导致无法准确估算时间。
- **路径多**：通往终点的路径不止一条。比如，你制定了"运动减肥"的目标，但你的脑海中也会浮现运动以外的备选方案，比如"吃营养素减肥好像也不错""控制卡路里的摄入会更有效"等。像这样心中多个选项之间相互竞争的状态，也被称为"路径多"。

　　如果预期过多，我们的脑内就会浮现多种对未来的想象，它们为引起你的注意而竞争，大脑的认知资源就会分散，甚至失去处理一项任务的能力。

从这个意义上说，像艾森豪威尔矩阵这样选择任务优先顺序的技巧，是为了解决预期过多而产生的。如果给所有的任务都排好优先顺序，预期数量就会减少。这些都是有着悠久历史的技巧，如果你付诸实践，就会有一定的收获。

为了解决预期过多的问题，本书推荐使用"SSC练习"。这是伦敦商学院的研究团队开发的时间管理术，它比艾森豪威尔矩阵更简单，在一些实验中取得了不错的效果。

［主要技巧］SSC 练习

"SSC练习"是由"开始（Start）/停止（Stop）/持续（Continue）"的首字母组合而成的技巧，其目的是找出低价值的任务并尽可能减少"预期数量"。

这项技巧的有效性已经在多项实验中得到验证。在一项实验中，研究团队让一天内处理多项任务的商务人士进行SSC练习，他们在使用这项技巧后，工作时间平均减少了20%。这个数值如果以周为单位来换算，就等于多出整整一天的时间，对于那些因预期过多而烦恼的人来说，它可以说是最合适的技巧。

研究团队的报告显示，越是需要处理多项任务的商务人士，越难以做出成果，许多人将总体时间的 40% 以上花在了无关紧要的任务上。因为任务种类太多，他们无法判断真正应该做的工作，从而把时间浪费在无法产生价值的活动上。

因此，SSC 练习通过三个步骤找出价值低的工作，并考虑相应的对策。

步骤 ❶ 列出任务

把你未来一周想做的事情都写出来，可以是与工作有关的任务，比如"制作企划书"，也可以是日常任务，比如"多运动""改善饮食"。无法集中注意力的任务、让人容易有干劲的任务、一直被搁置的任务等，不管是什么类型的任务，只要是能想到的任务你都可以列出。

步骤 ❷ 使用 SSC 提问法

围绕所有列出的任务，思考以下问题的答案。

【问题 1　社会价值问题】

请想象你已经完成了这些任务，正向周围的人汇报成果。完成这项任务对你的公司、朋友、家庭和社区有什么积极影响？你把时间花在这项任务上，大家会高兴吗？

- 对周围的人确实有价值 =4 分
- 对周围的人有点价值 =3 分
- 对周围的人没有积极影响也没有消极影响 =2 分
- 对周围的人有消极影响 =1 分

【问题 2　紧急性问题】

你的家人病倒了。请想象你每天必须花 2 ~ 3 小时来护理患者。在这种情况下，你选择的任务有多紧急？

- 必须在当天一开始就完成 =4 分
- 至少要在当天结束前完成 =3 分
- 如果有空闲时间，做比较好 =2 分
- 不做也没有问题 =1 分

【问题 3　个人价值问题】

请想象你已经在工作上取得了巨大的成功，拥有花不完的钱，获得了人人向往的荣誉。这时，你选择的任务有多大价值？

- 即使成为成功人士，我也肯定会做这项任务 =5 分
- 即使成为成功人士，我也会做这项任务 =4 分
- 可能会做，也可能不会做 =3 分
- 如果成为成功人士，大概不会做 =2 分
- 如果成为成功人士，肯定不会做 =1 分

【问题 4　工作分配问题】

请想象值得信赖的同事向你提出"无论什么工作都会帮忙"的场景。这时你会如何处理这项任务？

- 这项任务只有我能做，所以不能交给同事 =5 分
- 这个任务其他人也能做，但我做最适合 =4 分
- 如果我先做个框架，就可以将这项任务交给别人做 =3 分
- 这项任务几乎可以交给任何人做 =2 分
- 本来不做也没关系 =1 分

步骤 ❸ 找出价值低的工作并进行分类

打完分后请计算所有问题的总分。如果最终得分在 10 分以下，则可以认为该任务的价值低，你可以完全放弃或交给别人。找出价值低的任务后，接下来将其分为三类。

- **可以放弃的任务**：即使立即停止也不会有明显消极影响的任务。
- **可以委托的任务**：可以花最少的精力交给别人做的任务。
- **可以修改的任务**：通过调整内容就能提高价值的任务。

然后按照这个分类，你再决定是完全放弃任务还是交给别人做就行了。

在这项练习结束时，你会发现自己在意想不到的事情上浪费了很多时间。伦敦商学院的研究显示，很多使用这种技巧的被试表达了以下观点。

- 47% 的文书工作和 41% 的协调工作交给别人做也没问题。
- 35% 的外部联络工作可以交给别人做。
- 21% 的与上级建立关系的工作也可以交给别人做。

这样看来，在日常工作和学习中，我们必须自己做的任务少得令人惊讶。很多人隐约意识到这一事实，却碍于找别人帮忙的麻烦和内疚感，从而把时间浪费在原本不必要的工作上。

虽然这项练习看起来麻烦，但你只要习惯了，每次不到 20 分钟就能完成它们。在周初练习它会有很大的效果。如果你感觉自己预期过多，请尝试这项技巧。

[辅助技巧①] 提高投入速度

"投入速度"表示"开始工作后转换认知和集中注意力的速度"。比如，如果你在公司开始平时的工作后，脑海中浮现"必须准备会议""回家后必须洗衣服"等多个画面，从而无法处理眼前的工作，则可以说你的投入速度慢。

当然，预期数量越多的人，投入速度越慢，效率越低。因此，天普大学等团队建议采取以下措施来提高投入速度。

①选择 3 个与工作有关的紧急或在意的最重要的问题（比如，准备会议、制作演示资料、回复 A 的邮件等）。

②选择 3 个与私人生活有关的最紧急或最在意的重要问题（比如，交税、修理损坏的架子、与朋友和好等）。

③在手机备忘录上把步骤①和②中选择的问题全部写下来，在最后写上"今天，我允许自己放下对工作和私人问题的执念，专注于我必须做的重要工作或事情"。

在天普大学等团队做的实验中，研究团队让 376 名男女做上述事情，结果大部分被试提高了投入速度，一天的工作量也大幅增加。因为他们在工作前把"重要程度低的任务"写了下来，清晰地认识到"要集中注意力处理重要的任务"，从而不会被过多预期干扰。

［辅助技巧②］深思熟虑计划

无论制订多么周密的计划，很多时候我们也无法按照预定的计划进行。突发状况会让你动摇，产生无数的预期，比如"事态会不会变得更糟""最好的对策是什么"。如果对这种状态放任不管，大脑的认知资源就会不断减少，时间感觉也会变得不准确。有一个简单办法能解决这个问题，那就是用"深思熟虑计划"。这是康斯坦茨大学等团队开发的技巧，主要内容如下。

- 事先在纸上写下"遇到问题或情况变差的时候，先停下来好好考虑对策"，处理任务时将纸放在能随时看到的地方。

这意味着事先深思熟虑，做好计划，以防无法应对意外情况。

这是一种简单的技巧。2017年的一项实验显示，使用深思熟虑计划的被试在投资和扑克牌方面的判断力提高了，处理问题的能力也提升了。因为事先经深思熟虑做好了计划，所以一旦发生问题，他们只要遵循"遇到困难时好好考虑对策"这一简单规则就可以了，所以难以产生多种预期。不擅长处理突发状况的人，请尝试使用这项技巧。

[辅助技巧③] 障碍计划

"障碍计划"是伦敦商学院等团队提倡的时间管理术，实践方法很简单，你只需要考虑"今天的工作会发生什么问题"，然后列出相应的对策。

你可以写下你能想到的任何可能打断你日程安排的问题。可以是"同事找我帮忙""可能会有紧急会议"等外在问题，也可以是"玩手机游戏""看社交媒体"等内在障碍，把可能妨碍计划的问题全部写出来。

把问题列出清单后，制定相应的对策。

- 障碍："同事找我帮忙"→对策："如果会导致我计划推迟，我会明确拒绝"
- 障碍："可能会有紧急会议"→对策："把因为会议而没有完成的任务放进第二天的时间盒里"
- 障碍："忍不住看社交媒体"→对策："安装限制社交媒体使用的 App"

伦敦商学院的实验显示，使用"障碍计划"两周的被试，即使在处理工作中遇到的问题超过了他们整体工作时间的 20%，效率也没有下降。相比之下，没有使用"障碍计划"的被试效率和工作积极性都急剧下降。越是不擅长处理突发情况的人，越值得尝试这项技巧。

如何根据预期的个体差异选择合适的时间管理术

以上就是"预期偏差"的对策。最后，我们来看看针对"预期的四象限矩阵"（见图 2-3）指出的每种"个体差异"的最佳时间管理术组合。

① 自律者（预期强且少）：这种类型的人基本不太会发生时间不够用的问题，所以要注意自己的预期是否过强。如果因为预期过强而感到无法体会到人生的乐趣，请考虑增加短期回报的数量，特别是"预先承诺"。

② 超载者（预期强且多）：这种类型的人虽然能很好地利用时间，但大脑中总是浮现出要做的事情，因此无法平息焦虑和不安。建议首先导入"预先承诺"，让自己有时间做自己的事情，然后反复进行"SSC 练习"，减少预期数量。在此基础上判断自己到底是预期强还是预期多，再选择适合的辅助技巧。

③ 享乐者（预期弱且多）：这种类型的人容易把注意力放在无法带来长期成果的任务上，导致最终效能下降。建议首先坚持使用"时间盒"和"SSC 练习"技巧，但是经常

会出现因为麻烦而无法坚持下去的情况。这时，请先使用
"分解""以日为单位考虑目标"等简单的辅助技巧，让自
己习惯预期训练。

④ 躺平者（预期弱且少）：这种类型的人脑海中浮现的画面
少，没有长期目标，所以缺乏动力。突然使用"时间盒"
会有负担，所以请从"分解"和"愿景练习"开始实践，
培养预期增强的感觉。同时，结合第 3 章中提到的"微成
功"和"复制提示"等技巧进行实践，也有助于提高动力。

以上是大致的指南。也有人觉得很难把握自己的"预期偏
差"。我们在"时间人格测试"中提到过，由于任务的种类和环
境不同，时间人格也不同，有一部分人会为该使用哪种练习而烦
恼。这时，请尝试用时间人格测试以及你的感觉或情绪来帮助你
判断。

如果某项任务让你感到焦虑或压力大，你可能进入了"超载
者"模式；如果你只想做简单的工作，那就是进入了"享乐者"
模式；如果你感觉没有动力，又可能切换到了"躺平者"模式。

总之，主观感受也是重要的线索。如果你感觉难以判断，请
尝试用自己的感觉帮助自己判断。

第 3 章

改写过去

——正确使用"回忆"进行时间管理的 11 种技巧

"忘记过去的人，注定要重蹈覆辙。"

——乔治·桑塔亚纳

如果过去消失，那么未来也会消失

1953 年，住在美国康涅狄格州的亨利·莫莱森（Henry Molaison）为了治疗癫痫接受了脑部手术。为了抑制从 9 岁就开始持续剧烈发作的癫痫，他接受了切除海马体和三分之二杏仁核的大手术。

手术之后，亨利的癫痫症状消失了，伤口也恢复得很好。本以为终于可以过上安稳的日子，没想到他的苦难并没有结束。自从做完手术，他就记不住发生在自己身上的新事情了。

亨利能想起的只有 27 岁之前的事情，比如华尔街股市暴跌、珍珠港事件等。至于手术后认识的人，无论见过多少次，他都认为是第一次见面，他甚至连前一天刚看的电视和电影都记不住。所有的事情都会在 20 秒内从他脑中消失，他被困在了"永远的现在"。

从这个病例中可以发现一些事实，其中最有趣的是，亨利在失去过去的同时也失去了未来。在所有的事情都记不住之后，亨利就完全无法想象未来的情景了。

自己明天还会再去医院，自己一个月后还会和现在一样住在同一个房子里，自己一年后可能去海外旅行。

我们都会在日常生活中想象未来的自己，在此基础上进行日常决策。但是，让人惊讶的是，亨利的脑海中浮现的未来图景总是一片空白，就像眼前放着一块白板。

这种健忘症患者失去未来的现象并不罕见。比如，伦敦大学的研究团队的实验显示，即使让大脑记忆区域受损的患者想象下一个节日，患者的脑海中也只能浮现空白的画面，或者"树上的装饰""铃铛的声音"等情景片段。

更糟糕的是，健忘症患者对时间的感知也容易产生偏差。1973 年的研究显示，亨利·莫莱森能正确推测时间流逝的时间大约是 20 秒。总之，他只能在自己的记忆力持续的范围内才能较好地估算时间。

从亨利·莫莱森的苦难中可以看出，我们对时间的估算经常受到"回忆"的影响。我们平时每天都会参考回忆展望未来，参考一周前的家务记忆制订下一次的打扫计划，参考日历安排运动计划，这些行为大家都很熟悉吧。

但是，这里真正重要的是神经科学家德韦恩·戈德温的观点，他指出："人类之所以能在一定程度上准确感知一分钟的长度，是因为我们记得前一分钟的'感受'。"

我们感受到的"明天",不过是将"昨天的自己"推演到未来的心理模型。在下一秒过去的时候,人类的大脑也会从过去的回忆中创造出未来的"1 秒",我们把这种体验称为时间的流逝。因此,越是有回忆偏差的人越会对时间的流逝有误解,无法有效利用时间。

脑科学家德米斯·哈萨维斯也提到,越是不擅长记忆过去的体验的人,越不擅长描绘未来,因此时间感觉会产生偏差。没有对过去的回忆,未来就不存在。

影响时间感觉的四种回忆模式

我们来看看影响你时间感觉的回忆模式,我们的回忆大致由四个要素构成。

① 正确的回忆:提取的记忆反映了实际事件。
② 错误的回忆:提取的记忆与实际事件不同。
③ 积极的回忆:对提取的记忆的解释是积极的。
④ 消极的回忆:对提取的记忆的解释是消极的。

前两个要素的重点是大脑提取的记忆是否真的正确。实际上制作文件花了 3 小时,而你却认为"1 小时左右就完成了",甚至忘记了工作本身的存在，这种回忆是错误的，你对时间的估算有偏差。相反，如果回忆是正确的，对时间的估算的准确度就不会有问题。

后两个要素的重点是如何解释特定的回忆。比如，对于用 3 小时制作好一份文件这一事实，如果认为"我效率很低"，回忆就是消极的，反之，如果认为"成果很好"，回忆就是积极的。你的回忆也和预期一样会因遗传和环境而不同，不同的组合会产生回忆的"个体差异"。

这里你也可以使用回忆的四象限矩阵。它和预期一样，也由四个象限组成（见图 3-1）。

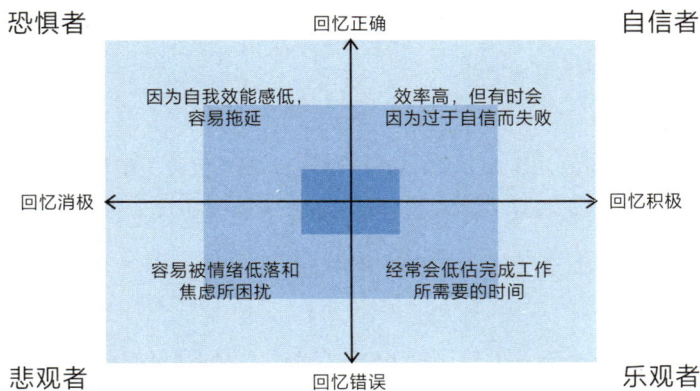

图 3-1　回忆的四象限矩阵

① **自信者（回忆积极且正确）**：过去的回忆是正确的，能清
晰地回忆起想回忆的事情。因此，这类人擅长估算时间，
效率也高。但需要注意的是，如果回忆过于积极，也容易
产生副作用。

② **乐观者（回忆积极且错误）**：对过去的时间使用技巧的记
忆是错误的，并对其进行积极的解释。他们根据错误的记
忆采取行动，但因为对自己的能力过于自信，他们无法安
排好时间，经常把时间浪费在不重要的任务上。

③ **恐惧者（回忆消极且正确）**：过去的记忆是正确的，但记
忆的内容是消极的。因为他们把过去不愉快的经历作为行
动的基准，所以经常在无意义的事情上浪费时间，无法开
始做有益的任务。

④ **悲观者（回忆消极且错误）**：对记忆的解释是消极的，而
且记忆的内容也有很多错误。因此对未来充满不安，容易
逃避重要的任务。

和预期的四象限矩阵一样，回忆也会因积极、消极、正确、
错误的组合而产生"个体差异"。如果不根据差异选择合适的技
巧，你的回忆就无法正常发挥作用。

我们来看看与你的"回忆偏差"相对应的最佳时间管理术。

本章的练习也分为 1 个主要技巧和 2 ~ 3 个辅助技巧，所以

请先从主要技巧开始尝试，看看效果如何，习惯之后再使用辅助技巧。

01 [回忆偏差①]
回忆偏差大

"回忆偏差"的第一种模式是由于记忆偏差过大，导致时间使用技巧出现问题。许多人因为错误的回忆而制订了不切实际的计划，比如，明明花了 1 小时打扫房间，却认为"应该 30 分钟就能打扫完"，明明花了一个月才完成项目，却认为"应该两周就能完成"。这些问题与以下要素有关。

- **任务难度**：我们的时间感觉受任务难度影响。如果在记忆中过去所做的工作"很简单"，便会低估同样的任务所需的时间；相反，如果在记忆中"那项任务很难"，会高估相似的任务所需要的时间。通常情况下，简单的任务更容易让人感到快乐，因为会让人感觉时间过得比实际快。

- **检索难度**：许多人会更频繁地回忆起那些印象深刻的事情，不太回忆日常生活中平凡的事情。因此，我们常常会忽视日常生活中的微小记忆，而根据那些印象深刻的事情制订未来的计划，导致时间估算得不准确。

- **锚定效应**：我们在做决策时，往往会依赖最初获得的信息。比如，项目的初始计划是"一个月交货"，但后来我们才发现实际需要三个月。本应该更改日程，但是很多人认为"一个多月就能结束"，不想大幅更改日程。无意识中"一个月"被当作初始值写入记忆，我们只想对日程做最小的调整。

经常为这些问题烦恼的人最好能纠正回忆偏差。我们来看看对这方面有所帮助的技巧。

［主要技巧］时间日志

纠正回忆偏差的技巧有很多，目前效果最好的是"时间日志"。这是一种记录自己如何利用时间的技巧，这种技巧如表 3-1 所示。

表 3-1　时间日志

时间	行动	效果
30	处理工作任务	C
15	10 分钟之内发送邮件	B
10	洗衣服	C
20	边看视频边运动	A
30	做午饭，吃午饭	A

（续表）

时间	行动	效果
20	联系之前寄宿的家庭的主人	A
25	肌肉锻炼	B
10	打开视频网站	C
10	想午睡却没睡着	C
10	倒垃圾	B
15	洗碗	B
30	喂孩子吃饭	A
10	收拾整理	A
10	把衣服从洗衣机移到烘干机	C
30	处理工作任务	B
10	通过社交软件向 A 先生咨询	A
15	和 B 先生打电话商量	A
90	填写人生价值图	A
10	看 15 分钟购物 App	C
180	处理工作任务	C

- **时间**：第一列以 10 分钟或 15 分钟为单位设置时间间隔。

- **行动**：这是记录自己行动的区域，不论大事小事，把一天中的所有行动都填在这个区域里。

- **效果**：在这个区域内，对行动的效果按 A、B、C 三个等

级进行评价。如果你认为自己有效地利用了时间，就选
"A"，如果你认为自己浪费了时间，就选"C"。

正如彼得·德鲁克所言，"越是有能力的人，越要从寻找自
己的时间花在哪里开始"。无论去哪里，请随身携带时间日志表，
收集数据。

收集数据的时间一般为 1 ~ 2 周，如果你平时做的是固定的
工作，那么只要在 2 ~ 3 个工作日和周末进行记录，就能大致掌
握自己的时间使用方法。但是，因为数据越多越好，所以你至少
要留下 1 周的记录。

希望大家记录一天中所有的行动。比如，早上上厕所的时
间、路上的时间、在员工食堂闲聊的时间、打扫房间的时间、上
网的时间、睡眠的时间等，无论任务大小，都要坚持记录。但
是，不一定要每 10 分钟或每 15 分钟记录一次，建议每小时或每
3 小时记录一次。

时间日志可以这样使用。

① 在制订新的工作计划之前，从时间日志的记录中寻找类似
   的任务。
② 参考该任务的记录制订计划。

　　如果你要做一份新的企划书，就参考以前做企划书的时间制订计划；如果你想重新打扫厨房，就参考过去的打扫记录制订计划。这样就完成了时间日志。

　　这种技巧虽然简单，但效果显著。比如，在麦考瑞大学的研究团队做的实验中，研究团队要求学生被试用两种方法估算简单任务的时间。

- 深入了解任务的细节并估算时间。
- 参考过去类似的任务所花费的时间记录来估算时间。

　　第一种方法是一边确认任务的细节，一边估算时间。比如，如果任务是"打扫办公桌"，被试就仔细思考任务的过程，比如"确认需要哪些清洁工具""事先确认书籍要收纳在哪里"，再在此基础上估算所需的时间。

　　第二种方法与时间日志的思路相近，是根据类似的任务所花费的时间来制订工作计划。比如，"打扫桌子"时，可以参考"整理文件""擦桌子"等过去类似的任务估算时间。

　　实验的结果是，使用过去记录的小组能更好地估算时间，回忆偏差越大的人效果越明显。相比之下，深入了解任务细节的小组在时间安排的准确性方面没有太大变化。

这并不令人惊讶，因为时间日志不仅包含工作顺利进展时的
数据，还包含许多因突发事件而耽误工作的经验，比如，"没能
收集到必要的信息""孩子发热了"。借助时间记录，我们可以回
想起平时作为例外情况而忽视的问题，提高回忆的准确度。

［辅助技巧①］请别人估算时间

"询问他人的意见"也是纠正回忆偏差的有效方法。你可以
向同事和朋友说明任务的内容，然后问他们"你觉得我多久能完
成这项任务"。

也许你会觉得向他人询问自己的工作没有意义，但多项研究
表明，第三方更擅长估算时间。

最具代表性的是威尔弗里德·劳里埃大学的研究团队的调
查，研究团队让学生被试估算完成毕业论文所需的时间，结果大
部分学生预测平均 34 天就能完成论文，但实际上大多数人需要
56 天才能完成论文。

但是，当研究团队让被试推测其他学生完成论文所需的时间
时，结果出现了很大的差异。即使在没有合适的参考数据的情况
下，推测他人时间的学生推算出的数值也更接近现实情况。

当涉及我们自己的任务时，我们很容易出现回忆偏差，但当涉及其他人的任务时，我们却能很快恢复客观的视角。如果你想估算得又快又准确，请先问问别人的意见。

［辅助技巧②］复制提示

"复制提示"是宾夕法尼亚大学沃顿商学院的研究团队提倡的时间管理术。该大学召集了 1028 名男女进行验证，结果显示，使用复制提示的小组"每天锻炼"的目标达成率大幅提高，能更好地利用时间。

复制提示包括以下步骤。

① 选出一项自己想更好地利用时间的任务。
② 寻找能够顺利完成该任务的熟人或朋友。
③ 至少花 2 天时间调查熟人或朋友是如何完成这项任务的，或者问熟人或朋友使用了什么方法。
④ 尝试模仿熟人或朋友使用的方法。

比如，如果你想"按照预定计划完成文件"，就去找能轻松完成同样工作的同事或上司，研究他们具体是如何处理这项任务的。

他们收集信息的方式不同吗？他们使用了更好的 App 吗？还是他们有独特的动力管理方法？

你可以深入了解他们使用的方法，并自己尝试完全相同的方法。实践的时间大约为一周，一旦使用了某种技巧，即使不能马上看到效果，也请坚持一段时间。

这种技巧之所以有效，是因为通过复制他人的做法，你可以与自己的回忆保持距离。如果只是模仿从他人那里学到的技巧，你的行动就很难被过去的失败或麻烦等消极记忆所影响。因此，我们可以不受回忆偏差的影响，朝着本来的目标前进。

同时，因为人类很容易受他人影响，所以模仿他人是更容易实践的。很多人一想到这是"尊敬的人使用的技巧"，心理阻力也会减少。这是一种适用于所有情况的思维方式，所以当你有更好地利用时间的想法时，请先寻找能比自己更好地完成目标的人。

02 [回忆偏差②]
回忆过于积极

"回忆过于积极"是指对记忆的"解释"过于积极。典型的例子是，明明借助了别人的力量，却以为是自己完成的，明明没有任何根据，却认为"之前很顺利，下次也会有办法"。

　　这种回忆偏差与以下因素有关。

- **归因错误**：这是一种认知偏见，把积极的结果归于自己的才能或努力，把消极的结果归于他人或环境。这种偏见严重的人容易过于相信自己的能力，不考虑过去的失败体验，重复以前的错误。

- **记忆忽视**：这是一种忽视消极记忆的心理倾向。这种心理倾向强的人在预测未来时会忽视过去花了很长时间的任务，所以重复以前的错误的概率也会增加。

- **偏好积极信息**：这是一种不太考虑悲观信息的认知偏见。这种心理倾向强的人喜欢积极信息，不太考虑消极信息。比如，典型的例子是当你开始新项目时，不考虑"竞争对手的公司也在做类似的事情"等信息，导致低估风险。

- **事后聪明式偏见**：这是一种在事情结果明了后，认为"我从一开始就知道会这样"的心理倾向。我们都能想到有一两个事后会说"我本来就觉得那项计划不行"或"他果然成功了"的人吧。这种偏见强的人，不太会根据实际结果进行预测，估算时间容易出错。

　　希望大家不要误解的是，积极的回忆不一定是坏事。多项研

究表明，对过去持积极看法的人工作积极性更高，人生的满意度
也更高。因为如果总是对过去的自己进行消极的解释，"反正不
会顺利进行""那项计划要花很多时间"等想法就会越来越强烈，
人们的工作积极性就会下降。相反，积极的回忆能起到缓冲作
用，缓解失败的痛苦，只要积极的回忆保持在适当的程度，我们
的心理健康就能得到保护。

那么，怎样才能将积极的回忆恢复到适当的程度呢？我们来
看看具体的技巧。

［主要技巧］时间日志高级分析

时间日志高级分析是时间日志的进阶版本，旨在应对"回忆
过于积极"的问题。时间日志不仅能让你更深入地了解自己的时
间使用情况，还能避免被积极的回忆所干扰，提高日程安排的准
确度。

请制作一周的时间日志，然后按照下文步骤进行分析（见表
3-2）。

表 3-2　时间日志高级分析 - 填写示例

行动类别	使用时间（小时）	占比
睡觉	46	27.4%
通勤时间	5	3.0%
副业	11	6.5%
吃饭	13	7.7%
做家务	7	4.2%
与朋友社交	8	4.8%
上网	12	7.1%
购物	5	3.0%
运动	4	2.4%
通勤时间	5	3.0%
会议	6	3.6%
文书工作	10	6.0%
精算工作	13	7.7%
企划工作	15	8.9%
与家人社交	3	1.8%
读书	5	3.0%
合计	168	

注：图中占比为约数。

步骤 ❶ 将花费的时间进行分类

首先，将时间日志中记录的所有行动分成几类，比如"做家务""工作""读书""会议""睡觉"等。虽然分类没有明确的规定，但大多数人如果将行动分成 10 ~ 15 类会更容易分析时间。

步骤 ❷ 计算时间

分类完成后，请把你在各个类别上花费的时间加起来，计算出占总时间的比例。

步骤 ❸ 查找浪费的时间

根据步骤②的计算结果，判断你的时间使用技巧属于哪种类型。请参考以下分类对所有类别进行分类。

- 浪费的时间：对短期或长期目标没有任何贡献，完全不工作也没有问题的时间。花在没有目的的社交媒体和游戏上的时间就是典型的例子。
- 徒劳的时间：在投入了精力却没有获得回报的活动上花费的时间。
- 可以委托他人的时间：交给其他人做也没有问题的时间。预约旅行、回复邮件等可以交给他人处理的活动花费的时间就属于这种类型。
- 间隙时间：于任务的间隙出现的闲暇时间，比如，等待预约的牙医的时间、会议开始前的时间，等待系统崩溃的计算机恢复的时间等。

- **应对打扰的时间**：为了应对同事的闲聊、参加紧急会议等意外打扰而花费的时间。
- **应对疏忽的时间**：因为自己疏忽或准备不足而花费的超过必要时间的时间。
- **过于自信的时间**：因为自己对时间估算不准确，任务未能按计划进行的时间。

顺便说一下，上述时间分类不一定意味着"全部都是浪费"。比如，"浪费的时间"的例子有花在社交媒体和游戏上的时间，但如果使用它们有明确的目的，比如为了消除工作压力而玩游戏，为了和朋友交流而查看社交媒体，那么二者上花费的时间都不能说是浪费。只挑选出偏离原定目标的时间即可。

步骤 ④ 制订对策计划

对浪费的时间进行分类后，你就可以制订应对下次在发生类似问题时应使用的计划了。建议大家结合"深思熟虑计划"或"障碍计划"来制订计划。举几个例子。

- 事先在纸上写下"想查看社交媒体或玩游戏时，先停下来好好想想。"（深思熟虑计划）
- "如果会议开始之前有闲暇时间，可以进行散步等轻松的运动。"（障碍计划）

像这样，把问题落实到"如果发生 ×× （浪费的时间），就进行 ×× （具体的对策）"这一句型中是制订对策计划的基本思路。当然，对所有浪费的时间都制订对策是不现实的，所以请参考步骤②的计算结果，只对浪费你时间最多的事项制订计划。随着浪费时间的现象逐渐减少，过于积极的回忆就会从你的脑中消失。

［辅助技巧①］诱惑日记

"诱惑日记"是记录你禁不住诱惑的体验的技巧。这项技巧的效果已被多项研究证实，研究指出："只是记录失败就能纠正积极的回忆并提高效率"。

最好在一天结束时记录，请回忆并写下 2 ~ 3 个当天发生的"禁不住诱惑的体验"。

只须用 1 ~ 2 行简单的句子记录没能顺利进行计划的原因，比如，"本来想集中注意力工作，结果却看了视频，休息时间超过了预定时间 1 小时""玩手机游戏了，没能运动"等。

通常，我们不会有意识地思考"我在什么情况下浪费了时间"，所以在很多情况下，即使实际上禁不住诱惑，我们也会觉得"没有想象中那么糟糕"。

记录一次需要花费的时间不到 3 分钟，禁不住诱惑、容易浪费时间的人可以尝试这项技巧。

［辅助技巧②］计算误差率

"计算误差率"也是时间日志的应用版本，对纠正积极回忆的效果显著。它包括以下步骤。

步骤 ❶

在填写时间日志之前，估算"接下来要处理的任务需要花多长时间"，在"估计值"一栏填写具体数字。比如，"回复邮件需要 10 分钟""打扫房间需要 30 分钟"。

步骤 ❷

执行步骤①中的任务，在"实际值"一栏中填写完成任务所需的真实时间。

步骤 ❸

重复上述步骤 2 ~ 7 天，在收集数据后，用实际值减去估计值的差，除以估计值得出的答案就是"误差率"。

比如，你推测"制作企划书需要 5 天"，但实际花了 7 天，误差率就是"2 ÷ 5 = 0.40"，所以估算的时间比实际花费的时间少了 40%。

步骤 ❹

在下次估算新任务的时间时，用你最初估算的数值乘（误差率 +1）。比如，如果你推测"写一篇博客需要 2 天时间"，可以用这个数值乘以（误差率 +1），得出一个更接近实际的数字：2 × (0.40 + 1) = 2.8 天。这样估算虽然不能说很完美，但这比没有任何修正的估算的准确度高很多。

[辅助技巧③] 重建回忆

"重建回忆"是旧金山州立大学的研究团队开发的技巧，即通过有意识地挖掘过去失败的记忆，修正回忆偏差。研究团队在该大学召集了 172 人做了一项实验，结果显示，进行"重建回忆"的小组比什么都不做的小组的效率高 3 倍，更好地利用时间的可能性也高 2 倍。

重建回忆包括以下步骤。

① 回忆过去以失败告终的行动或问题。比如，没有按照计划

进行的项目，没有按预期完成的家务，回过神来发现已经在社交媒体上浪费了 1 小时。

② 尽可能详细地在脑海中再现你当时在步骤①中是怎么做的。如果你选择的是项目没有完成的经历，请详细想象当时的情景，比如，临近截止日期时的焦虑感，上司给自己施加压力的样子。

③ 请思考"如果我有现在的智慧和经验，会怎样处理这个问题"。思考你觉得"现在能做得更好"的对策，比如，更早开始制订项目计划，从不同部门收集资料，拜托同事帮忙。

④ 使用你在步骤③中想出的新对策，想象自己成功解决了过去的问题。就像实际发生过一样详细想象这一情境，并沉浸在想象的世界 30 ～ 60 秒。

这项技巧虽然简单，但效果显著，近年来也被用于职业体育运动中，帮助那些因受过去失败的影响而无法发挥出应有力量的运动员提高成绩。

因为每次实践时间不超过 3 分钟，所以大家可以把它作为一项能轻松纠正回忆偏差的技巧掌握。

03 [回忆偏差③]
回忆过于消极

　　最后是"回忆过于消极"模式。这是指<u>"以前同样的工作也失败了""以前也被上司批评过"等消极的记忆浮现在脑海中，使个体对过去的事情表现出消极和厌恶态度的状态</u>。

　　不难理解为什么这种回忆会对我们的时间使用技巧产生消极影响。如果我们总是消极地看待过去，可能会高估真正需要的时间，也没有心思积极面对将来的任务。

　　回忆过于消极的人容易出现以下问题。

- **自我效能感低**：自我效能感是指从心底相信"我能做到"的感觉。如果"回忆"是消极的，个体就会低估自己的能力，遇到稍微有点难度的任务就无法应对。
- **自我障碍**：有些回忆过于消极的人，因为不想承认自己能力不足，故意浪费时间。因为不想承认自己学业不顺而一直上网，或者不想承认自己没有项目执行力而去喝酒，这两种行为都是为了说服自己"我不是没有能力，只是不擅长利用时间"。
- **自我破坏**：这种类型的人知道应该做某件事，但不知为什么对任务有抵触情绪，所以无法有效利用时间。比如，被

"获得资格证书对工作有帮助，但我不配获得这样的资格证书"的想法所束缚，无法提高制订学习计划的动力。这种心理倾向强的人不仅经常拖延，还易出现暴饮暴食的情况或患上抑郁症。

这些因素的共同点是消极的回忆引发了个体消极的情绪，为了逃避这种不愉快的感觉，个体无法有效利用时间。没有人愿意体验不愉快的情绪，但如果一味逃避，我们就无法提高工作效率。

以下技巧对应对过于消极的回忆是有效的。

［主要技巧］消极回忆改善表

"消极回忆改善表"是认知行为疗法常用的技巧。它本来用于抑郁不安、提不起干劲的时候，也有改善消极回忆的效果。在说明它的机制之前，我们先来看一下具体的步骤（见表 3-3）。

步骤 ❶

在"工作、任务、要做的事情"一栏中，填写你无法有效利用时间的任务。

　　填写的任务可以是任何事情，但越是麻烦的任务越容易有效果，比如整理文件、准备报税表或打扫房间等。

表 3-3　消极回忆改善表（例）

工作、任务、要做的事情	内容细化	预期难度	预期满意度	实际难度	实际满意度
制作帮助文档	写出文档 1 的内容	50	30	50	40
	查找添加到文档 2 的信息资料	10	20	50	10
	总结今天要向上司确认的内容	30	60	10	40
	整理文档 3 的确认事项	30	20	10	20
	整理文档 4 的确认事项	30	20	40	50
	……	……	……	……	……

步骤 ❷

　　在"内容细化"一栏中，将步骤①中列出的任务分解成更小的步骤，并为每个步骤编号。请将每个步骤细化到 30 ~ 120 秒就能完成的程度。例如，如果想打扫房间，可以把任务分解成

"收集清洁工具""弄湿抹布""收拾地上的物品"。

这里不需要写出所有的步骤，只要写出最初的 4 ～ 5 个步骤即可。

步骤 ❸

请在 0（完全不难 / 完全不满意）到 100（非常难 / 非常满意）之间预测每个步骤的"预期难度"和"预期满意度"。不要只在脑子里想，一定要写在纸上。

步骤 ❹

最后，每个步骤结束后，在 0（完全不难 / 完全不满意）到 100（非常难 / 非常满意）之间填写"实际困难"和"实际满意度"。

以上就是"消极回忆改善表"的使用技巧。重点是把大的任务分解成更小的步骤，根据难度和满意度为每个步骤打分。

填写该表至少要持续两周。经过一段时间的反复训练，你的大脑就会发现，"大多数的任务比预期中简单，实际满意度也高"，逐渐积累起积极的记忆。下次在处理类似的任务时，你就能在积极记忆的基础上采取行动，从而更有效地利用时间。

消极回忆改善表不仅能长期纠正你的回忆，而且见效快。大部分人按照表上的步骤行动之后，就会发现工作积极性比想象中高。这种现象被称为"工作兴奋"，无论多么麻烦的工作，一旦开始行动，脑内就会分泌多巴胺，提高个体的动力。

这是一种短期和长期都有效的好技巧，消极的人请一定要优先尝试这种技巧。

［辅助技巧①］微成功

"微成功"，顾名思义，就是意识到"每天的小成功"的技巧。

"小成功"的内容可以是很小的事情，比如"做了5个俯卧撑""自己做饭""整理了桌子"等都没有问题。只要每天都能意识到点滴的进步，你的回忆就会一点点得到改善。

在实践时，请在一天结束时花5分钟时间在日志中写下当天经历的小成功。无论多么微不足道的成就都没关系，想想"今天完成了什么"，然后写下来。建议使用"完成的事情＋收获"的简单格式。

- 今天也跑了10分钟，又向健康迈进了一步。
- 中午只写完了文件的开头，完成了总工作量的5%。

即使只是写下这些微小的成就和收获，你的大脑也会有"我竟然进步了"的实感，消极的回忆也会逐渐减少。如果你想不出小成就，请思考以下问题。

- 在今天做的事情中，什么事情让我更有动力？
- 为了实现大目标，我迈出了怎样的一小步？
- 今天有没有做什么让我有成就感的事情？
- 这周我有没有做什么好事？
- 为了继续积累小成功，明天能做什么？

这种技巧之所以有效，是因为我们往往只关注人生中的大成就，而忽视了每天的小成就。其实，每个人每天都能体验小成就，但多数人关注的是"完成项目""考试合格"等较大的成就，没有将小成就储存在记忆中。为了解决这个问题，有意识地关注小成功是微成功的关键。

近年来，越来越多的人开始研究品味日常生活中的小经历的重要性，并发表了几个研究案例。

维多利亚大学的研究团队对 101 人进行的实验显示，生活中关注微成功的小组出现了人生满足感增加、抑郁症状减轻等变化。

同样，耶鲁大学的研究团队的研究也显示，定期关注微成功的小组积极情绪增加，越是消极的人，提高工作效率的效果越明显。

有消极回忆的人，请试着每天回想一下你生活中的小成功。做到这一点也许能帮助你调整回忆。

［辅助技巧②］建议法

为了防止消极回忆导致的自我效能感低，"向有相同目标的人获取建议"也有效。如果你正为学习而烦恼，可以向学习相同知识的人获取建议；如果你想制作演示资料，可以向参加同一会议的同事获取建议。

宾夕法尼亚大学的研究团队已经证明了这一技巧的效果。研究团队对 7 所高中的约 2000 名学生进行了测试，要求其中一半的学生向为学习或作业而烦恼的低年级学生提供建议。结果显示，向低年级学生提供建议的那组学生的学习时间增加了 38%，自我效能感越低的学生，效果越明显。

给他人提供建议之所以有效，是因为给别人提供建议会在大脑中留下"我在帮助别人"的印记，从而提高自我效能感。因此，要想更好地使用这一技巧，你可以联系与你有相同目标的朋友或同事，并约定互相为对方提供建议。互相提供建议能提高每个人的自我效能感，也能提高有效利用时间的动力。

如果身边找不到合适的人，作为替代方案，你可以这样想："如果我的朋友或同事也在为同样的问题而烦恼，我会给他们什么建议？"当然，实际给朋友提供建议效果会更好，但只是想象给他人提供建议也能帮助你提高自我效能感，让你更有信心地处理同样的问题。

［辅助技巧③］反思

"反思"是著名的咨询公司智慧思维公司（Clearer Thinking）开发的一种技巧，对自我效能感低的人而言非常有效。

2018 年，该公司召集了约 500 人，调查"达成目标的最佳技巧是什么"。具体来说，他们挑选了 23 种不同的技巧，比如，"每天在固定的时间执行任务""到了执行任务的时间就发送提醒"。他们花了 2 年时间跟踪了 1256 个执行数据，调查什么技巧效果最好。结果发现，"反思"的效果最好。调查结果显示，使用该技巧的参加者每周执行任务的次数比其他小组平均多 0.7 次，与其他技巧相比，达成目标的概率提高了 2.4 倍。虽然这些数据没有经过同行审查，但这项技巧值得尝试。

"反思"包括三个步骤。

步骤 ❶ 反思

回顾过去的自己，选择一个能让你长期改变行动或成功实现新目标的经历。这里选择的经历与你现在想要实现的目标无关也没关系。请选择一个自己过去取得成功的经历。

步骤 ❷ 分析

回顾你在步骤①中选择的经历，思考"当时我使用了什么策略""当时什么环境帮助我取得了成功""成功的原因是什么"，并写下你从过去的经历中学到的东西。请选出 2 ~ 3 个你能想到的成功的原因，比如"当时有一起努力的伙伴""当时在日历上制订了详细的计划"等。

步骤 ❸ 计划

制订一个简单的计划，将步骤②中的经验教训用于新任务中。请用两三句话概括，比如，"这次我也找一起运动的伙伴""我要在日历上详细列出实现目标的步骤"。

以上就是"反思"的所有步骤。这种技巧之所以有效，是因为回忆过去的成功经历能帮助你提高自我效能感，重新深入挖掘记忆能让你更加客观地看待问题，从而制订出更加切合实际的对策。当你没有自信处理任务时，可以使用这一技巧。

如何根据回忆的个体差异选择合适的时间管理术

在掌握了"回忆偏差"的对策之后，最后我们来看看如何根据"个体差异"选择合适的时间管理术。

① 自信者（回忆积极且正确）：这种类型的人在时间使用方法上不容易出现问题，请注意自己的回忆是否过于积极。如果你过于相信自己的能力，请主要使用"诱惑日记"和"时间日志分析"法进行实践，同时反复回忆自己的失败。

② 乐观者（回忆积极且错误）：这种类型的人容易低估完成任务所需的时间，制订不切实际的计划。建议先养成写"时间日志"的习惯，了解自己的时间使用方法，然后再使用"时间日志高级分析"法，尽可能培养现实的时间感觉。

③ 恐惧者（回忆消极且正确）：这种类型的人一旦开始工作就会表现出色，但因为自我效能感低，很难开始行动。这种情况请首先使用"消极回忆改善表"提高自我效能感。

如果消极回忆仍然没有得到改善，也可以使用"微成功法"和"建议法"，尽可能提高自信心。面对眼前的任务，如果你因为消极回忆而感到压力大，也可以使用"分解法"。

④ 悲观者（回忆消极且错误）：这种类型的人没有完成任务
的自信，也无法准确估算时间。这种情况也应该优先考虑
自我效能感的问题，建议首先养成写"消极回忆改善表"
的习惯。当你适应了这一技巧之后，请导入"时间日志"。

以上就是根据个体差异选择时间管理术的指南。

需要注意的是，关于"回忆偏差"，很多人会根据任务类型
在积极回忆和消极回忆之间切换。比如，在做计划书时，只参考
对自己有利的回忆，在整理房间时，回忆却突然变得消极。在
这种情况下，建议你在开始做自己不感兴趣的任务之前，先问自
己："我没有干劲是因为我低估了工作的难度，还是因为对工作
感到不安？"如果答案是前者，你的回忆就是积极的，如果答案
是后者，回忆就是消极的。

第 4 章

从追求效率中解放出来

——为什么越想有效利用时间越觉得时间不够用

"人有两种基本过错，急躁和懒惰。"

——弗兰兹 · 卡夫卡

我们的自由时间没有增加也没有减少

在前几章中我们介绍了有效利用时间的方法。

首先我们了解了时间管理术的效果因人而异的事实，然后我们探讨了根据这些差异制订计划的方法。我们还介绍了修正记忆并制订准确度高的计划的技巧。只要使用其中的一种技巧，你的时间效率就会有所提高。

但是，遗憾的是，即使掌握了所有的技巧，我们也无法从根本上解决问题。即使完美地使用了"时间盒"和"时间日志"，大多数人还是会感到非常困扰。

这种困扰是指以下感受。

- 压力大的感觉挥之不去。
- 总是感觉自己正被什么追赶。
- 尽管工作已经做完，但是还是很焦虑。
- 感觉没能有效利用时间。
- 强烈的无聊感和紧张感交替袭来。

如果你现在正被这种感觉所困扰，那就不仅仅是你一个人的问题了。全美科学财团近年来的调查显示，自 1972 年以来，世界上感到"总是被催促"的人的比例持续上升，大约有 70% 的人回答正"被时间追着跑"。

日本的情况也一样，《精工时间白皮书》显示，回答"被时间追着跑"的人的比例从以前开始就稳定在 70% 左右，回答"1天 24 小时不够用"的人也占了约 56%。人们有被时间追着跑的感觉，似乎是普遍现象。

但是，不可思议的是，虽然大家都异口同声地说"没有时间"，但实际上我们拥有的自由时间既没有增加也没有减少。

日本总务省的社会调查分析显示，日本人平均每周有 110 小时的闲暇时间（包括睡眠），这一数字自 20 世纪 40 年代以来几乎没有变化。

过度追求时间效率反而会导致时间不够用

虽然感觉"没有时间"的人越来越多，但实际上在大部分国家，人们的空闲时间几乎没有变化。

很多社会心理学家认为，之所以会出现这种情况，是因为人们"过度追求时间效率"。想在短时间内取得最好的成果，想消除所有无用的任务，想优化工作速度，这种一味追求效率的态度才是问题的根源。

为什么过度关注时间效率和无用的任务反而会有副作用？一味追求效率会导致什么问题？

序章中也提到了追求效率的难点，这里再列举几个要点。过度追求效率有以下缺点。

缺点① 因为"人生就是在做与不做之间做出选择"而患上心理疾病

在商业书籍中，人们经常听到这样的建议："人生就是在做与不做之间做出选择。"这句话强调的是不要在烦恼中浪费时间，而是应该迅速行动起来，提高效率，但如果实践方法不当，会导致人们的心理状态恶化。

比如，亚利桑那州立大学的研究团队发表了一篇关于高学历、家境富裕的学生的问题行为的论文。在这篇文章中，研究团队探讨了为什么越是富裕、聪明的学生越容易患上心理疾病，出现成瘾行为。

众所周知，在贫困中挣扎的年轻人可能会有问题行为，但近年来家境富裕、学历高的学生也出现了很多类似的问题。

具体来说，研究显示，越是优秀的学生，香烟的使用率越高，越会违反社会规则，在教育水平高的地区，酒精的消费量也高。当然，不是所有优秀的学生都有问题，但与全美标准相比，确实有很大比例的优秀学生表现的严重不适应。

研究团队推测，家境富裕、学历高的学生更容易出现问题的原因如下：

"现在，'人生就是在做与不做之间做出选择'的生活方式在全世界都很流行。但是，我们应该更认真地思考这种想法对个人和社会的影响。"

虽然不能说朝着目标迅速行动不好，但是，在现代社会，以"做与不做"为代表的行动规范给人带来很大压力，很多年轻人因此患上心理疾病，这可以说是追求效率的黑暗面。

缺点② 追求效率的意识会导致效率下降

强调效率和截止时间的企业，员工的效率往往比较低。

韦莱韬悦公司对包括日本在内的 12 个国家和地区的 22 347 名商务人士在职场中的压力水平进行了调查，将这些数据与每个人的工作表现进行比较后发现，在重视高目标和效率的上司手下工作的人压力更大，工作积极性更低，请病假的概率更高，效率更低。

之所以会出现这种现象，是因为追求效率和截止时间导致压力慢慢积累。如果我们一直处于时间压力之下，我们的身心就会长期处于紧张状态，即使我们没有意识到这一点，我们的大脑也很快会无法承受这种负荷。最终的结果就是身心失衡，导致消极思维、睡眠障碍、对声音和光线敏感、效率下降。

缺点③ 越提高效率越忙

"希腊神话中的九头蛇，只要砍掉一个头，就会长出第二个。同样，我们做的工作越多，我们就越忙。"

组织心理学家托尼·克鲁这样评价追求效率带来的陷阱："无论如何提高效率，你的工作量都会增加，你的忙碌程度丝毫没有改善。"

多个数据证实了这句话的正确性。比如，领导智商公司的一项调查将美国 207 家公司的员工敬业度和绩效考核数据进行了匹配，结果显示，在 42% 的组织中，效率越高的人敬业度越低。也就是说，越是能干的人工作积极性越低，越容易对自己所属的组织产生消极情绪。

我来说明一下原因。如果有人问你：当你的工作需要找人帮忙时，你会找谁帮忙？大家可能都会想找能力强的人帮忙，而不是找没有技能的同事帮忙。

一般来说，其他员工也会有同样的心理。如果其他人也都找优秀的人帮忙，即使是高效能人士也会疲惫不堪。这样一来，越是优秀的人越会失去动力，对公司的消极情绪也会增加。

即使你不是高效能人士，也有可能出现类似的现象。比如，如果你每天发送信息的数量增加，那么回复对方信息的义务也会增加。同样，如果你能高效完成文件，下一项工作就容易提前，越读演示资料，就越能发现还有其他数据需要核对。在工作流程复杂化的现代社会，很多工作都没有明确的终点，所以无论如何提高效率，总工作量一般都不会减少。

在工业革命之前，钟表几乎没有意义

总之，本章要探讨的问题如下。

- 只是"有效利用时间"无法解决真正的烦恼。

当然，世界上使用的时间管理术都是从"如何有效利用时间"的角度设计的。但是，"有效利用时间"的想法从根本上说是有问题的。"想有效利用时间"和"想提高工作效率"的欲望本身，会使你的幸福感和工作效率降低。

或许你会觉得前几章中提到的技巧毫无意义，但事实并非如此。第 2 章、第 3 章介绍的技巧都是针对"个体差异"的问题而开发出来的，只要你付诸实践，就能看到效果。

但是，要想真正掌握第 2 章、第 3 章中的技巧，你必须从思想上打破效率的魔咒，否则可能无法摆脱被时间追着跑的感觉。

无论你多么熟悉任务管理，在有限的时间内完成多少任务，也可能无法摆脱这种感觉。只要有"想提高效率""效率优先""杜绝一切浪费"的想法，我们就难免变得急躁。

因此，本章主要想解决的问题是摆脱过度追求效率的状态。

我们的目标是摆脱"像被什么追着跑"一样焦虑不安的感觉，改善我们在时间方面的"体质"。

"使用时间管理提高效率"只是一种近代发明

为了减少对效率的执念，摆脱被时间追着跑的焦虑不安的感觉，我们先来了解一些背景知识。让我们重新审视"有效利用时间"的理念，看看追求效率的想法源自何处。听到"有效利用时间""减少浪费时间"之类的话，大家会觉得这是毫无异议的正确观点，但是这种想法究竟是否正确呢？

回顾历史，大约在 18 世纪，人类开始注重优化时间。这一时期，英国发生了工业革命，资本家需要数百人在工厂里同时工作。为了适应这种需求，很多钟表都装上了秒针，工人的时间得到了前所未有的精确管理。

这一时期，本杰明·富兰克林的"时间就是金钱"的名言广为流传。随着经济的发展，"时间＝金钱"的想法逐渐成为人们的共识，19 世纪初，人们开始将"浪费时间"视为像浪费金钱一样的愚蠢行为。

"有效利用时间"的概念也是在同一时期广泛传播的，很多历史学家认为这是因为人们开始把时间视为像金钱一样宝贵的东西。的确，如果每个人的时间都被明码标价，比如"时薪1000日元""加班费1250日元"，那么每个人都会想最大限度地利用时间。

到了20世纪初，出现了"时间管理"的概念。管理学家弗雷德里克·泰勒指出："如果计算详细分类的任务的时间，生产效率就会提高。"

汽车大王亨利·福特根据泰勒的理念，成功发明了生产流水线。从那时起，为了提高效率，所有工人都被要求参加时间管理课程，给每项工作设定截止时间也成为一般的经营手法。因此，福特公司的工作效率提高了一倍多，提高效率成为时代的口号。

泰勒提出的"时间管理"的理念，很快从工厂扩展到个人的效率。1918年，一家钢铁公司委托一位名叫艾维·李的管理顾问指导白领员工使用以下技巧。

① 睡前选择6项明天要做的工作，按照优先顺序进行排序。
② 第二天早上，从清单的最前面开始依次完成任务。

这种简单的方法与现代的待办清单非常相似，令人惊讶的是，客户深受感动，并支付了一张按今天的价值计算约4000万日元的支票。这是时间管理术在历史上第一次产生大笔收益，从那以后，时间管理产业在全世界兴起。

这个故事中最重要的一点是，"使用时间管理提高效率"只是一种近代的发明。

时间概念早在古埃及和巴比伦时代就已存在，但当时只用来大致把握农作物收获或灌溉的时间。最早的机械钟表出现在 13 世纪的欧洲，但在此后近 400 年的时间里都没有发明出分针和秒针，人们无法产生像现代那样被时间追着跑的感觉。正如历史学家爱德华·汤普森所言，"在工业革命之前，钟表几乎没有意义"。

尽管如此，在现代社会，"时间管理"已经成为一面旗帜，从被日常生活所迫的普通大众，到各行各业的卓越人士，都在与时间的压力作斗争。

评论家沃尔特·科尔在 1962 年的著作中指出："许多人被迫为了利益而阅读，为了合同成交而聚会，为了获取人际关系而共进午餐。"

在始于近代的重视效率的文化中，休息和娱乐等价值只有在有助于提高产量时才被认可。在现代社会，"多休息""好好睡觉"之类的建议，也大多是为了人们在办公室"出人头地"而服务的。

同样的问题也渗透到"休闲活动"领域，近年来，就连小孩子的休闲活动也变得高度专业化，现在大多数团队运动都变成了注重学习技能或输赢的活动，而不是与朋友共度美好时光的活动。在成年人的世界也是如此，如今，许多休闲活动正向竞技化方向发展，锻炼身体和与朋友交流的简单乐趣正在减少。

据推算，现代人每 6 分钟就会看一次时间，一天中看时间的总次数高达 150 次。"时间管理"的概念只有几百年的历史，它最初只是为了保证工厂正常运转而产生的，如今却是我们被它牵着鼻子走，是不是很可笑？

为了解决这个问题，本章将介绍 3 种技巧。本章的练习也分为主要技巧和辅助技巧，请先尝试主要技巧，习惯后再使用辅助技巧。

［主要技巧］人生价值图

"人生价值图"，源于日语中的"人生价值"一词，近年来，欧美国家经常用这种技巧重新审视人生。"人生价值"的定义有很多，这里我们可以把它理解为"能激发自己的动力，让自己专注的行动或目标"。

"人生价值"在欧美国家开始受到关注的原因很简单，因为近十几年的研究已经多次证实"生存意义"的好处。具体来说，研究显示，人生价值感越强的人，抗压能力越强，免疫系统越健全，寿命越长，幸福指数越高。现在，世界上的相关研究仍在继续。

虽然时间感觉与"人生价值"看起来没有什么联系，但实际上"人生价值"的理念对摆脱追求效率的陷阱很有帮助。这主要有两个原因。

① "人生价值"能让我们忘记时间。
② "人生价值"能帮助我们判断出重要的事情。

"人生价值"能让我们忘记时间。

当我们沉浸在快乐的事情中时，我们不会关注时间的流逝，感觉几小时的时间仿佛一瞬间就过去了。另一方面，对于制作请款单或打字等枯燥的任务，大多数人都会觉得时间过得慢。这种现象大家都很熟悉，这与我们关注时间的次数有关。大多数人在做枯燥的工作时会关注时间的流逝，会看着表想："才过了 10 分钟吗""还有 30 分钟"。每当这时，我们的大脑就会留下消极的回忆，感觉时间过得慢。

但是，当大脑进入专注状态时，你会只关注眼前的工作，不大会关注时间的流逝。这样一来，我们的意识就能从追求效率的思维陷阱中解放出来，也不易陷入时间管理的消极影响中。

"人生价值"的另一个重要效果是，它能让我们更容易看清任务的重要程度。

60年前，日本宣布进入信息社会。从那时起，全世界的信息传播速度和通信速度不断加快，现在，一部智能手机存储的数据量超过50万本书，你一天可以消费174份报纸的内容，这个数值相当于1986年数据量的5倍。

据贝尔实验室的工程师罗伯特·拉奇估算，我们的意识每秒只能处理大约120比特的信息。尽管带宽很窄，我们还是被追求效率的魔咒所困扰，在日常生活中不断输入大量信息，不断给大脑的神经细胞增加负荷。结果，现代人容易被以下症状所困扰。

- 倍速观看大量的热播剧和电影，但所看的内容并没有在我们的脑海中留下深刻的印象，我们只记得"看过"。
- 碎片时间被社交媒体、视频、游戏、漫画App填满，有种总是被什么追着跑的强烈焦虑感。
- 各种信息的获取让我们强烈地感到自己无所不能，却没有取得任何具体成就。
- "必须成长"的感觉越来越强烈，现实中我们却没有任何改变，这种差距让我们感到疲惫和空虚。

神经科学家丹尼尔·列维廷这样描述这些问题："在一切都发生得太快、太多的世界里，我们很难区分无关紧要的事情和重要的事情"。如果信息的速度和数量太多，我们的大脑就无法判断应该关注哪些数据，把无关紧要的事情解释成很重要的事情，便无法把资源用在人生中真正重要的事情上。这也是让忙碌的现代人更加忙碌的原因之一。

从这一点来看，"人生价值"的理念能够支持疲劳的大脑的信息选择功能。如果你清楚地知道能让你全身心投入的活动，即使在必须选择新信息时，你也可以思考"这与我的人生价值有关吗""我能利用这些数据实现我的人生价值吗"等问题，从而区分出无关紧要的东西和真正重要的东西。

无论什么事，要想做出正确的判断，都必须有明确的标准。能给被大量信息迷惑的大脑指明道路，也是这项练习的一大魅力。

让我们一起寻找自己的"人生价值"吧。

步骤❶ 填写人生价值图

"人生价值图"包含四个圆圈（见图 4-1）。我们先来了解一下这四个圆圈的含义。

① **自己喜欢的事**：无论你怎么做都不会厌倦，越做越有精神的事。

② **社会需要的事**：你身边的人或社会需要你做的事。

③ **能赚钱的事**：你能通过这项活动或技能从别人那里获得金钱报酬。

④ **自己擅长的事**：你能比别人做得更好，且不会感到特别辛苦的事。

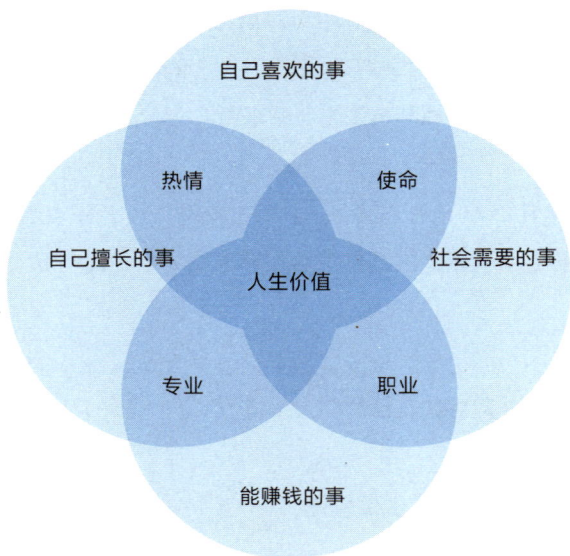

图 4-1　人生价值图

总之，这项练习中的"人生价值"，是指你真正喜欢的、比大多数人更擅长的、社会需要的、能使你赚到钱的活动。缺少其中任何一个要素，都无法产生"人生价值"，你也很难产生强烈的动力。

实际工作中，请你一边思考以下问题，一边将想到的词语、短语、想法写在相应的区域。

［圆圈 1］自己喜欢的事

在这个圆圈中写下你发自内心喜欢的活动。能让你纯粹感到快乐的是什么？请考虑工作、家庭、兴趣爱好等所有因素，找出能让你发自内心开心的事情，比如，园艺、旅行、艺术等，任何内容都可以。请将想到的答案填写在图 4-1 的"自己喜欢的事"的区域内。如果你想不出答案，请思考以下问题。

- 什么活动、人或地方让我不会厌倦？
- 做什么事能让我忘记时间？
- 如果我经济稳定，我会把时间用在什么地方？
- 即使没有报酬我也能继续做下去的事情是什么？
- 有没有能让我连续聊几小时的事情？

[圆圈 2] 社会需要的事

人是社会性的动物，为了在日常生活中感受到人生价值，你需要有"别人需要我""我对社会有用"的实感。因此，请在第二个圆圈中填写"我能为社会做些什么"的答案。

填写的内容什么都可以，请想象用你的技能或能力让别人高兴的事情，比如，"通过工作丰富顾客的生活""耐心倾听有困难的人的倾诉"。如果想不出答案，请思考以下问题。

- 我有被身边的人感谢的经历吗？
- 如果让我列出三项需求量大的技能，它们分别是什么？
- 我有没有什么可以教给别人或帮助别人的事情？
- 我有没有什么技能可以帮助解决一些社会问题？
- 我怎样才能为朋友、家人或社区作出贡献？

[圆圈 3] 能赚钱的事

无论你多么喜欢你所做的事情，无论世界多么希望你做这件事，如果赚不到钱，你就无法长久地做下去。要想将"人生价值"融入生活方式，你需要获得金钱报酬。

因此，请在第三个圆圈中写下你所拥有的可能赚到钱的技能或能力。有些人可能觉得自己没有这种技能，但这里填写的内容不仅仅是统计或语言等专业技能，也可以是"善于赞美他人"等人际交往技能。如果你想不出答案，请思考以下问题。

- 我有没有在打工或工作时被表扬过？
- 在工作中有用的技能是什么？
- 我曾因为什么事情赚到了钱？
- 我有没有人们愿意付钱请我做的技能或能力？
- 有没有什么活动能为现在的我提供必要的收入？

[圆圈 4] 自己擅长的事

在最后一个圆圈中写出你擅长的事情。不要关注是否有金钱报酬，简单地思考一下自己的强项。如果你想不出答案，请思考以下问题。

- 到目前为止，我有没有练习或学习了 100 小时以上的技能或知识？
- 我是否做过没太努力却被别人表扬的事情？
- 如果让我教别人一些东西，我能教他们什么？
- 在职场或社区中我感觉做得比别人好的是什么事情？
- 在过去的成果中，让我感到自豪的是什么事情？

步骤 **②** 寻找重叠的答案

　　在这个步骤中，我们需要对照刚才填写的图表，寻找是否有重叠的答案。比如，你在"自己喜欢的事"的区域中填了"喜欢教书"，同时在"社会需要的事"的区域中填了"传授知识会让别人高兴"，那么可以判断二者是重叠的。像这样，在四个圆圈中寻找重叠的答案。

　　接下来，如果找到符合两个以上圆圈的答案，请将答案重新填在"使命""职业""专业""热情"区域中。如果你在"自己喜欢的事"和"社会需要的事"中发现重叠的答案，请将它移到"使命"区域。如果你在"自己擅长的事"和"能赚钱的事"中发现重叠的答案，请将它移到"专业"区域。

　　这四个重叠区域分别具有以下特征。

① 热情 = 自己喜欢的事 + 自己擅长的事

　　"热情"容易在"自己喜欢的事"和"自己擅长的事"重叠的活动中产生，它的特征是：你容易获得满足感，但很难感受到对社会的贡献；你的工作积极性高，但是因为无法获得金钱报酬，所以它没有持续性。

② 使命 = 自己喜欢的事 + 社会需要的事

"使命"容易在"自己喜欢的事"和"社会需要的事"重叠的活动中产生，它的特征是：虽然你能感受到人生的喜悦和充实感，但在从事相关工作时，你的收入和经济上的稳定性不足。

③ 职业 = 能赚钱的事 + 社会需要的事

"职业"容易在"能赚钱的事"和"社会需要的事"重叠的活动中产生，它的特征是：虽然你能获得生活所需的收入，但对自己所做的事情没有热情，容易感到空虚。

④ 专业 = 自己擅长的事 + 能赚钱的事

"专业"容易在"自己擅长的事"和"能赚钱的事"重叠的活动中产生，它的特征是：你容易获得工作的成就感，但是因为对他人的贡献少，容易感觉工作和努力很无聊。

根据以上内容，从你列出的活动列表中寻找圆圈重叠的活动。最后，如果有符合四个圆圈的活动，请把它写在图 4-1 的中央。这些才是给你带来"人生价值"的活动。

　　步骤 ❸ 挖掘人生价值

　　有些人可能已经进行到步骤②，但仍然没有找到人生目标。虽然能找到圆圈重叠的活动，但没有找到能同时满足以上四点的活动。这时，有必要考虑"为了创造生存价值，我能做些什么"。具体来说，在步骤②中，请从你填写的答案中选出同时符合 2 ~ 3 个圆圈要求的活动，思考以下内容。

　　【如果不够喜欢】

　　如果你不够喜欢这项活动，请思考以下问题。

- 你不喜欢这项活动的哪个部分？为什么？
- 有没有能使这项活动更有趣的方法？
- 在这项活动中，有没有能感受乐趣的一面？你能不能扩大这种乐趣？
- 这项活动是否有你感兴趣的方面？有没有你想了解更多的方面？
- 这项活动是否能帮助你成长？

　　【如果不擅长】

　　如果你不擅长这项活动，请思考以下问题。

- 为什么你认为自己不适合这项活动？
- 是否可能是你设定的标准太高了？
- 你具备这项活动所需的技能吗？如果具备，你该如何改进？如果不具备，你能做些什么来学习这项技能？
- 擅长这项活动的人有哪些技能和优势？这些技能中你有哪些技能？
- 关于这项活动，有没有人能成为你的良师？

【如果赚不到钱】

如果这项活动赚不到钱，请思考以下问题。

- 现在这项活动赚不到钱的主要原因是什么？应该怎样做才能赚钱？
- 你有足够的技能开展这项活动吗？如果没有，你应该怎样提高工作效率才能赚钱？
- 其他人怎样通过这项活动赚钱？有没有类似的能赚钱的活动？
- 除了工作带来的收入，你该如何从这项活动中赚钱？
- 有没有什么方法能从自己喜欢的活动中获得报酬？

【如果社会需求不足】

如果这项活动社会需求不足，请思考以下问题。

- 有没有什么办法能使你的活动对他人有价值？
- 你能否把你的活动内容变得对世界有贡献？
- 你身边的人（朋友、家人、同事）需要什么？你能通过这项活动满足他们的需求吗？
- 有什么方法能更好地向他人展示你的活动？
- 你能否通过在线开展这项活动来满足他人的需求？

一旦你找到了自己的"人生价值"，你需要做的就是有意识地增加花在这项活动上的时间。比如，工作的间隙、睡前1小时、起床后的30分钟等，什么时候从事这项活动都可以。在实现"人生价值"的过程中，忘记时间的体验越多，你的大脑越能学会从追求效率中解脱出来，你的意识也会发生变化，让你能优先获取对自己人生重要的信息。

"人生价值"可以从人生的各个领域中找到，有些人可以从人际关系中找到，有些人可以从工作中找到，还有些人可以从兴趣爱好中找到。

"人生价值"的种子埋藏在各种场景中，如果你第一次尝试都没有找到，请尝试探索人生的不同领域。

越是没有耐心的人越无法深入思考

人们常说"现代人缺乏耐心"。很多人可能会有这样的感觉：与过去相比，现在已经无法读完厚的书籍，也不想看长的视频了，耐心地做某件事情的能力也下降了。

这种认识也得到了数据的支持，马萨诸塞大学的研究团队对670万名网民进行了调查，结果显示，大部分被试等待内容加载的时间只有 2 秒。麻省理工学院的调查也得出了类似的结论，现代人能集中注意力在计算机某一画面上的时间平均只有 40 秒，大部分人不到 1 分钟就会切换至其他内容。

更可怕的是，丹麦理工大学的调查显示，全世界人类的专注力可能都在下降。研究团队从谷歌图书中收集了过去 100 年的书籍数据，还收集了 8 年的谷歌趋势记录。他们调查了一个话题持续受到关注的时间，2013 年一个热点话题平均持续 17.5 小时，而 2016 年这一数字下降到 11.9 小时。

很多专家认为这些现象是现代人过度追求效率导致的。巴克内尔大学的语言学家哈罗德·施韦泽指出："科技带来的效率提升本应让我们成为时间的主人。但讽刺的是，科技让我们成为时间的奴隶。"科技发达的确带来了效率提升，但同时也让现代人失去了耐心，有时稍微慢一点我们就无法忍受。

［辅助技巧①］亲近文学

缺乏耐心对我们没有好处。无论科技多么发达，想要掌握能改变人生的技能都需要花费相应的时间。即便如此，但如果每隔40秒就走神，我们也永远成不了大事。

为了解决这一难题，多伦多大学的研究团队推荐的技巧是"亲近文学"。在多伦多大学做的实验中，研究团队召集了100名学生，让其中一半学生阅读短篇小说，另一半学生阅读普通的散文，结果显示，阅读小说的学生变得更有耐心了。

所谓耐心，是指不急于寻求明确答案，能与不确定性共存的能力。人们容易对不确定的状况感到焦虑，比如跳过书或电影的中间部分先看结尾，在网上订购的商品送达之前反复查看配送情况，这些行为就可以说是人们缺乏耐心。耐心的重要性已经在多项测试中得到证实，辛辛那提大学的研究团队也指出，**越是没有耐心的人越无法深入思考，很难提出有创造性的想法，容易患上心理疾病。**

这也很好理解，我们的人生总是充满不确定性，无法找到明确的答案。但是，如果我们一味追求效率，经常被消极情绪影响也是很正常的。

　　从这个角度看，通过阅读小说提高耐心也就不足为奇了。

　　越是优秀的文学作品，越不会轻易给出答案，而是允许读者有多种解读。读者所能做的是接受人物的思想和行为，就像加缪的《异乡人》和陀思妥耶夫斯基的《罪与罚》那样，读者有时甚至需要站在令人不快的人物的视角上进行思考。处理这类文本的唯一方法就是通读到底，吸收文本的细节，不急于得出结论。大脑的这种状态与它在我们于社交媒体或新闻网站上处理信息时工作的状态截然不同，因此有助于我们提高耐心。

　　顺便说一下，实验中使用的小说主要是国外 20 世纪初到 20 世纪中期的作品。

　　表 4-1 列举了一部分实验中使用的小说的作者姓名。选择什么样的小说取决于你的喜好，但如果可能的话，请选择那些无法轻易得出答案的作品，而不是有明确结局的、娱乐性质强的作品。

表 4-1　作家示例

夏洛特·勃朗特	安妮·普鲁
查尔斯·狄更斯	菲利普·罗斯
费奥多尔·陀思妥耶夫斯基	理查德·拉索
乔治·艾略特	简·斯迈利

（续表）

威廉·福克纳	泰瑞·古德坎
弗朗西斯·斯科特·菲茨杰拉德	尼尔·盖曼
托马斯·哈代	罗伯特·乔丹
纳撒尼尔·霍桑	帕特里克·罗斯福斯
欧内斯特·海明威	乔治·雷蒙德·理查德·马丁
约翰·斯坦贝克	特里·普拉切特
列夫·托尔斯泰	约翰·厄普代克
安东尼·特罗洛普	威廉·奥蒙德·米切尔
马克·吐温	艾丽丝·门罗
奥斯卡·王尔德	卡罗尔·希尔兹
弗吉尼亚·伍尔夫	约翰·欧文
迈克尔·沙邦	罗因顿·米斯特里
保罗·科埃略	辛克莱·罗斯
翁贝托·埃科	何塞·萨拉马戈
加夫列尔·加西亚·马尔克斯	三岛由纪夫
米歇尔·维勒贝克	阿尔贝·加缪
裴帕·拉希莉	科马克·麦卡锡
大卫·米切尔	托尼·莫里森

当你拿到小说时，不要跳读，要逐句精读。当你缺乏耐心时，可能会想加快速度，这时，请停下脚步，你会有充裕的时间。

［辅助技巧②］花时间做有益于他人的事情

让自己从追求效率中解脱出来的另一个有效方法是花时间做有益于他人的事。有些人可能会想："我本来时间就不充裕，怎么能把时间花在别人身上……"但是，这种想法是错误的。实际上，与其他方法相比，这种方法更能让我们时间宽裕。

我们来看看宾夕法尼亚大学的研究团队的实验。研究团队召集了 150 名男女，将他们分成两组。

① 花时间做有益于自己的事情：涂指甲油、慢跑、读书放松、处理代办清单上的任务等。
② 花时间做有益于他人的事情：清扫邻居门廊上的积雪、为孩子做饭、捡公园里的垃圾等。

之后，研究团队调查了被试的时间感觉，发现了有趣的差异。花时间做有益于他人的事情的小组，感觉比花时间做有益于自己的事情的小组时间多了 2 倍，回答"今天比平时有时间"的概率也大幅增加。

关于这种不可思议的现象，研究团队指出："如果你完成了待办清单上的一两项任务，或许你会有一些成就感。但是，这有可能提醒你，你的待办清单上还有 31 项任务。"

当你做有益于自己的事情时，虽然眼前的工作暂时会减少，但这会让你更关注还没有完成的任务，容易陷入"必须提高效率"的焦虑情绪。但是，当你做有益于他人的事情时，你就会有一种帮助了他人的自信，从而避免陷入追求效率的陷阱。

"有益于他人的事情"可以是益于他人的任何事情，比如，帮后面的人扶门、请同事喝咖啡、为他人指路，即使是很小的善举，也很有意义。你可以先实践一周左右，然后观察自己的时间感觉是否发生了变化。

不要因为时间管理术而浪费时间

日历和待办清单等有名的技巧，说到底是对症疗法或原因疗法，它们无法从根本上帮我们逃离困境。因为这些技巧背后都有一种促使我们"做得更快"或"做得更多"的思想。如果我们继续不假思索地使用这些技巧，最后只会被压榨。

没有比因为时间管理术而浪费时间更愚蠢的事情了。请定期从追求效率的思维方式中抽身，体验时间宽裕的感觉。

效率感觉测试

这项测试是为了观察对效率的感觉设计的。在进行第 4 章中的练习之后，请用它观察你的感觉发生了怎样的变化。

下面共有 10 道题，请你思考每个问题与自己的实际情况的相符程度，每题满分为 6 分。完全不符合打 1 分，完全符合打 6 分。

- 我认为有效利用时间很重要。
- 我没有能自由支配的时间。
- 我平时很难放松。
- 无论做什么，我总觉得时间不够用。
- 我觉得等待的时间很漫长。
- 没有表我会觉得不知所措。
- 我觉得睡觉浪费时间。
- 我对打扰我时间的人感到烦躁。
- 我不能忍受工作慢的人。
- 我对节奏慢的人感到生气。

打完分后，将总分除以 10，得出平均分。这个分数没有明确的标准，大致的标准是，如果数值超过 3.3，就说明你比一般人更注重效率。

第 5 章
· · · · · ·

追求无聊

——重获时间充裕感

"人类的时间不是循环转动的，而是直线前进的。
这就是人类不可能幸福的缘故。"

——米兰·昆德拉

线性的时间观引发焦虑

在上一章中，我们思考了追求效率的弊端，并分析了与之保持距离的方法。这些方法也许都能对现代人的忙碌生活产生强烈影响，可以在一定程度上解决时间不够用这一问题。

但是，在进行根本治疗时，还有一个问题可以称之为"最大的敌人"。关于"时间的流逝"，你是否有以下感觉？

时间总是以恒定的速度从过去向未来直线前进，时间一旦流逝，便一去不复返。

或许很多人认为这是理所当然的。时间从过去走向未来是毋庸置疑的事实，也是现代人的共识（见图 5-1）。

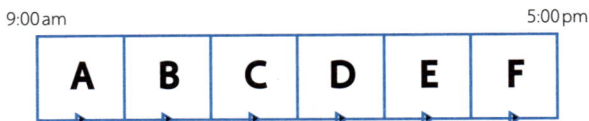

每个事件都沿着直线的时间轴进行，同样的情况不会再发生第二次。

图 5-1　线性的时间（西方）

但实际上，我们对时间的看法也会对我们的感觉产生消极影响。

"时间是向未来直线前进的",这种认识会给你带来压力,让你经常有一种被催促的感觉。

虽然听起来让人惊讶,但正如第 1 章所言,你所感受到的"时间流逝"只不过是我们的大脑解释世界变化的方法之一。因此,我们看待时间的方式存在多种差异,我们的世界观受到影响也就不足为奇了。

卡拉哈里沙漠的桑人①就是一个典型的例子,他们不仅过着传统的狩猎采集生活,对时间的认识也与我们完全不同。大部分人认为时间是从过去向未来直线前进的,而桑人却没有类似的认识,对他们来说,世界的变化是"有规律地循环往复"(见图 5-2)。

假设你的朋友生了孩子。大部分人会说"我的朋友生孩子了",但桑人不会。在他们的时间观念中,同样的过去会反复出现多次,因此就有了"我的朋友又生孩子了"的说法。

还有一种情况,如果你问桑人"你祖父叫什么名字",大多数人的回答都是"不知道"。因为对他们来说,祖父只不过是"再次出现在家族中的老年人",没有必要关注"名字"等细节。

① 亦称布须曼人,是生活于南非、安哥拉等地的一个原住民族。

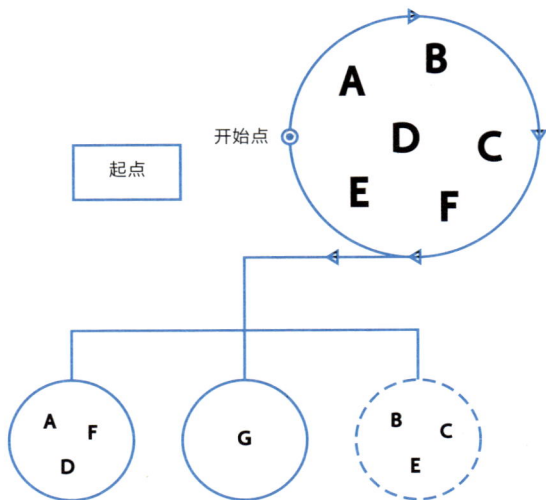

❶时间是一个大圆圈，所有事件都在大圆圈内循环发生。
❷每个事件都由不同周期的循环组成。

图 5-2　循环的时间（狩猎采集社会）

　　对习惯了时间是线性的观点的我们来说，这种感觉很难理解，但认为"时间在循环"的观点并不少见。

　　举几个例子，巴厘岛的原住民除了公历，还使用一种叫作乌库历的历法，用 10 种周期交错的复杂模式来表示岁月的流逝。因此，在公历观念于巴厘岛扎根之前，有不少原住民连自己的出生年月日和年龄都不知道。

认为时间在"循环"的文化不胜枚举。我们现在使用的线性历法系统是在最近 5000 年才开始普及的，可以说在人类历史中，有大约 95% 的时间都是"循环的时间"。

为什么桑人不为时间不够用而烦恼

我们之所以选择在本章开头讨论桑人的案例，是因为对时间的认识关系到我们内心的从容程度。人类学家詹姆斯·苏兹曼（James Suzman）在对桑人的生活进行了长达 20 年的研究后，得出了以下结论。

"桑人对自己'在需要的时候得到需要的东西'有绝对的信心，所以不会因为时间不够用而烦恼。"

在桑人的时间感觉中，未来事件被认为是过去事件的重演。因此，他们的思维是建立在"如果你做了 X，Y 就会再次发生"的简单逻辑上的，所以他们得出的结论不会动摇。他们认为"如果肚子饿了，我去打猎就能获得猎物""如果刮风下雨，我可以去森林里躲避"，而不会有"如果我打猎失败了怎么办""如果我没有藏身之处怎么办"之类的疑虑。

　　另一个有类似感受的群体是于 18 世纪（工业革命）前出生的人。

　　在 18 世纪之前，人们一般不是根据钟表上的时间来制订一天的计划，而是按照"先做 X，再做 Y，然后做 Z"的顺序来完成工作的。比如，日出后向神祈祷，吃早饭，打猎或务农，睡午觉，再次祈祷，太阳下山后与朋友聊天……他们不是根据时间制订一天的计划，而是根据要做事情的顺序制订一天的计划。

　　叶史瓦大学的塔玛尔·阿夫内特指出："18 世纪前的人类不是根据时间的流逝而行动的。"他们本来就没有按照时间流逝安排行动的习惯，所以几乎不会为"必须最大限度地利用有限的时间"而烦恼。

　　另一方面，对我们这些认为时间是线性的人来说，未来只存在一次，所以未来总是不确定的、模糊的。在这种情况下，我们只能用复杂的思维处理事情，比如，"如果做 X，可能会发生 Y，也可能发生 Z，也可能什么都不会发生……"

　　因此，自 18 世纪以来，我们为了防备未来的意外事件，不得不创造出无数的任务。

　　为了养老而交养老金，为了将来的安心而买房，为了避免孤独终老而生孩子，为了 10 年后的成功而努力做好现在的工作……在现代社会，这些想法都是正确的，但是，如果我们对可能发生的每种未来都制定相应的对策，将永远忙不到头，我们也会长期因为时间不够用而烦恼。

我们的时间感觉是有弹性的

综上所述，我们可以得出两个关于时间的结论。

① 时代和文化不同，人们对时间流逝方式的看法也大不相同。
② 对时间流逝方式的认识会影响我们时间不够用的感觉。

"时间从过去流向未来"的认识是钟表普及后的产物。在那之前，人们认为"时间"是终点和起点相连的圆环结构，所以当时的人们不会有"像被什么追着跑的感觉"和"总是很忙的感觉"。总之，要想从根本上解决时间不够用的问题，我们必须科学地认识"时间的流逝"。

即便如此，我们也很难形成像桑人和 18 世纪之前的人那样的时间认识。

无论四季如何轮回，无论星期一如何循环往复，对生活在现代的我们来说，一切都是新的季节，一切都是新的星期一。

现代人习惯性地认为"时间是存在于自己之外的客观事物"。但是，近年来的一些研究表明，我们的时间感觉有一定的弹性。

虽然我们很难体验"循环的时间"，但是，我们完全有可能再现 18 世纪前的时间感觉，过上不被钟表控制的人生，获得内心的从容。

那么，怎样才能体验前近代的时间感觉呢？下面介绍两种有效的训练技巧。

穷尽无聊

要想找回充裕的时间感，最有效的方法就是"穷尽无聊"。这项训练的基本方法是有意识地、专注地做那些你觉得"无聊"或"无趣"的事情。

也许你会觉得把时间花在无聊的事情上是一种浪费，但是，近年来很多一流机构都采用了类似的战略。

典型的例子是，在哈佛大学的拉德克利夫高等研究院，美术历史学家詹妮弗·罗伯茨在她的课上要求所有新生"花 3 小时观察某一幅画"。她要求学生耐心地观察一幅平时几分钟就能看完的作品，并记录他们在这一过程中的发现或由此产生的疑问。

当然，一开始学生们的反应好像很糟糕，不到一小时，他们就都痛苦难耐，甚至有人当场逃走。

对习惯了轻松娱乐的现代人来说，连续 3 小时看一幅画确实是一种折磨。

但是，当学生们被要求继续做同样的事情时，发生了有趣的变化。通过连续 3 小时观察同一幅画，他们开始注意到平时可能注意不到的画家细腻的笔触和构图的奇妙之处，对这幅画的理解也达到了平时无法达到的程度。

比如，在观察约翰·辛格尔顿·科普利的《松鼠与男孩》21分钟后，学生们发现画中少年手中的链子围成的圆的直径与画面下方玻璃杯的直径完全一致。又过了 45 分钟，他们发现背景中窗帘的皱褶与男孩耳朵的皱褶一样。

如果不盯着同一幅画看 3 小时，几乎不可能有如此深刻的见解。

人类根据"印象深刻的回忆次数"估算过去的时间

另一个有趣的现象是，很多参加过这门课的学生说："感觉时间的流逝变慢了"。有的学生说："刚开始觉得浪费时间，但结束后觉得时间过得很充实。"还有的学生说："过了1小时以后，就不觉得悠闲的时间痛苦了，对眼前的画越来越感兴趣了。

如果用本书的用语来表述这种现象，就是"印象深刻的回忆次数增加"。我简单地说明一下。

我们感受到的时间的流逝有两种："任务中"和"任务后"，它们各有着不同的特点。

① 任务中：在快乐的体验中感觉时间变短，在无聊的体验中感觉时间变长。

② 任务后：在快乐的体验后感觉时间变长，在无聊的体验后感觉时间变短。

前者在第1章中已经说明过，在处理无聊的任务时，我们看表的次数会增加，因此会感觉时间过得慢。但是，当我们完成这项任务后再回顾这项任务时，感觉就会发生逆转，觉得时间过得飞快。之所以会出现这种现象，是因为我们的大脑会根据"印象深刻的回忆次数"估算过去的时间。

假设你去了一直想去的高级度假村，这是一项愉快的任务，所以大多数人都会有以下体验。

① 在旅途中感觉时间过得很快。
② 回家后感觉旅行了很长时间。

因为高级度假村有很多有趣的活动，你在度假期间看表的次数会比平时少很多。因此，你在旅途中会感觉时间变短。

当你回到家中回忆旅行时，你会接连想起潜水和享用大餐等印象深刻的体验。这些回忆的总量比你于日常生活中回想起来的记忆要多得多，因此，你的大脑会将其解释为"度过了漫长而充实的时光"。

反之亦然，如果你每天都在做同样的任务，脑海中就不会有什么令你印象深刻的回忆。结果，你的大脑会认为你没有花很多时间，你将感觉时间过得快。

无聊会提高大脑的灵敏度

这样想来，哈佛大学的学生感觉时间宽裕的原因也就容易理解了吧。

我们在美术展上看画时，每幅作品最多只花几分钟，看几秒钟就走神的情况并不少见。这种鉴赏方法只会让人觉得"这幅画真漂亮""这幅作品很常见"，很难在人们的脑海中留下印象。这就导致人们在后来回忆时，会有一种"我都没做什么，时间就过去了"的感觉。

但是，如果像哈佛大学的课程那样"穷尽无聊"，情况就会发生逆转。当大脑习惯了无聊之后，对外部刺激的阈值就会降低，会开始对平时忽略的小细节或看似无用的琐碎信息感兴趣。

这种现象就好比你从喧闹的城市来到乡间，对自然界声音的微妙变化变得更加敏感。无聊提高了大脑的灵敏度，使小数据积累成"令人印象深刻的回忆"。用芥川龙之介的话来说，这可以说是"从所有日常琐事中感受到无比甘甜的滋味"的状态。

关于无聊之后会发生的时间感觉的变化，詹妮弗·罗伯茨说："减速是一个积极的过程。"

在信息泛滥的现代，我们往往只关注"能获得多少数据"，而对内容的了解只停留在表面，这种情况并不少见。我们常用倍速观看网站上的作品，只阅读商务书籍中的技巧，或者在视频网站上看很多学习视频，自以为处理了大量信息，但回过头来什么也没学到，这种情况很多人都有过吧。要想解决这个问题，我们就必须放弃简单的信息处理，从战略上放慢速度，让自己处于无聊的状态。

［主要技巧］无聊训练

不过，突然"观察同一幅画 3 小时"的难度太高了，所以我们最好先从"轻微的无聊"开始，慢慢适应。具体来说，请尝试以下步骤。

① 选择任务：每周初选出一项你认为"无聊"或"无趣"的任务。任务的种类可以是任何事情，但要选择一项你最多只能坚持 5 分钟的任务，比如冥想、欣赏画作、读难懂的书、与合不来的人聊天等。

② 执行计划：选定的任务只执行一周。实践多长时间没有标准，但可以先从 5 分钟开始，并尝试每天延长时间（比如前一天冥想 5 分钟，下次再延长到 7 分钟）。

这项训练的重点是，不要带着"获得新的见解""对细节信息变得敏感"等明确的目的意识进行训练。无论你多么认真地对待无聊，也经常会因为没有获得新的见解而焦虑。

真正重要的是定期让自己无聊并习惯这种感觉。虽然一开始你会感到痛苦，但正如法国小说家福楼拜所言："如果你慢慢来，一切都会变得有趣"。只有这种感觉也许能让你真正变得从容。

［辅助技巧］使用事件时间生活

"事件时间"是社会心理学家罗伯特·莱文提出的概念，他在时间感觉研究方面知名度很高。他在世界各地进行实地考察后发现，地域不同，人们对时间的认识也不同，对时间的认识大致可分为"钟表时间"和"事件时间"两种。

钟表时间在美国和德国很常见，生活在这种文化圈的人们根据钟表的时间安排生活，比如"12 点吃午饭""会议 2 点结束""18 点半开始看电影"等。这也是日本人熟悉的生活方式。

事件时间在南美和东南亚等地很常见，生活在这种文化圈的人们根据经常发生的事情安排生活。他们看待时间的方式与我们上文提到的前近代人类似，比如，"肚子饿了就吃饭""达成目标就结束会议"。

不能说二者谁对谁错，而是各有优点。让我们简单看一下二者的特点。

- 钟表时间：在追求效率时，使用钟表时间更有优势。假如你写一封简单的邮件还要拖延，那么设定"10 分钟内之发送邮件"的截止时间,你就能更快地完成任务。

● **事件时间**:优先考虑效果时,使用事件时间更有优势。假
如你要为好友庆祝生日,比起早点买完东西,重视寻找对
方喜欢的礼物更容易取得好的效果。

这两种时间认识各有优点,但对"内心的从容"影响最大的
是钟表时间。

在巴黎高等管理学院的昂·洛尔·塞利等人的研究中,研究
团队要求 600 名男女用钟表时间或事件时间做日常杂务。他们观
察了全体人员的内心感受和目标达成度,发现越是使用钟表时间
安排日程的人,越对现在的自己不满意,体验到的积极情绪越
少,越不擅长创造性的任务。

之所以会出现这样的问题,是因为使用钟表时间安排日程,
就等于把自己的行动交给了外部。如果不能按照自己的意愿来决
定自己的计划,总是被别人命令做各种事情,人们就无法提高动
力。也就是说,使用钟表时间会让我们感觉仿佛钟表在命令我们
的一切行动。

相反,当我们使用事件时间时,我们能自己决定工作什么时
候开始和结束,因此能培养出自己掌控人生的自信,这种心态会
让人产生时间充裕的感觉。

这一现象与习惯使用钟表时间的人在使用事件时间的国家停留时的体验相似。比如，我曾经在柬埔寨、马来西亚等地住过几个月，刚开始的两周我花了很长时间才找到生活的节奏，但一旦找到节奏，我的情绪就会突然平静下来，感觉颈部和背部紧张的肌肉也放松了下来。

好像很多人都有类似的经历，我询问了旅途中认识的美国驻派员等人的感受，他们的回答大多是有了"更放松的心情""悠闲的幸福感""涌现好的创意"等。虽然这只是个人体验，但这种差异可能是由于人们对时间的理解方式不同造成的。

你在日常生活中导入事件时间的时候，定期制定"禁表日"。

请选择 3～5 项你想尝试的活动，比如阅读、购物、旅行等，尝试在不看表的情况下完成这些活动。不要看手表、手机或计算机上的时间，也不要看街上随处可见的钟表。重点是要根据你的感觉切换活动，比如，"肚子饿了就去吃午饭""我已经读了很多了，就不读书了"。

据估算，我们每 6 分钟就会查看一次手机等设备上的时间，一天下来查看时间的次数高达 150 次。刚开始的时候，你可能会有想看表的冲动，但只要多忍耐几次，你就会感觉你的行动不再那么受时间影响，你对人生的掌控感也会变强。

区分钟表时间和事件时间

在本章，我们看到了现代人的时间认识存在的问题。"时间从过去向未来直线前进"的认识的背后，隐藏着一种促使我们慢性忙碌的机制，它在不知不觉中让我们变得焦虑和紧张。

但是，需要注意的是，这并不意味着"循环的时间"总是好的。实际上，人类学近年来的调查显示，桑人对时间的认识与其他大部分人的认识格格不入。

一项研究对离开狩猎采集生活来到城市生活的桑人的生活进行了调查，结果显示，很多桑人难以适应储蓄和计划的观念，当他们赚够了必要的生活费后就会不上班，直到把钱花完才会重新去上班。

要想更好地运用本章的知识，我们必须区分钟表时间和事件时间。

比如，你可以决定白天使用钟表时间追求效率，下班后使用事件时间生活；你也可以平时使用钟表时间，周末不做任何计划，尝试一下无聊的生活。你还可以考虑使用钟表时间管理需要集中注意力的工作，使用事件时间处理需要创造性的任务。

总之，<u>最重要的是要知道什么时候应该使用钟表时间，什么时候应该使用事件时间</u>。当你学会了如何在二者之间切换，你的内心才会真正开始变得从容。

时间认识测试

这项测试的目的是为了观察你的时间感觉。在进行第 5 章的练习之后，请用它观察一下你的时间感觉发生了怎样的变化。

思考每个问题与你自己的实际情况的相符程度，下面共有 10 道题，每题满分为 6 分。完全不符合打 1 分，完全符合打 6 分。

- 如果什么都不做，我就会感到焦虑。
- 工作间隙休息时间，我总是在玩游戏或上网。
- 如果面对的问题无法马上得到答案，我就会感到不安。
- 当有不知道会发生什么的新状况出现时，我会感到焦虑。
- 我不想做没有明确目标或条件的事情。
- 我不能什么都不想地消磨时间。
- 我不擅长做需要好创意或新思维的工作。
- 我感觉一天的时间越来越短。
- 一想到未来的不确定性，心情就不好。
- 我觉得我无法控制人生必要的事情。

打完分后，将总分除以 10，得出平均分。这个分数没有明确的标准，大致的标准是，如果平均分超过 3.5，请你最好再增加一些本章的练习。

接受适当的错误

大脑经常出错

在本书中，我们首先学习了世上常见的时间管理术的"难言的真相"，然后深入探讨了时间的奥秘。其次，我们根据时间的本质，探索最适合自己的技巧。之后，我们将讨论范围扩大到追求效率所带来的问题以及现代人的时间观念。

最后，我想与大家分享熟练使用本书的一个基本技巧，那就是"意识到大脑的'满意化'"。

满意化是认知科学家赫伯特·西蒙提出的术语，简单来说，就是"对适当的答案感到满意"。在做决定时，很多人会寻求最佳答案，但是，人类的大脑原本是为了找出"适当的答案"而设计的。相信看了第 1 章中的大脑的功能，你也许能理解这个观点。

　　简单来说，我们的大脑是一台推理机器，它总是根据外部信息计算概率。但是，这里使用的计算方法非常简单，所以大脑经常会出错。它有时过于低估任务的难度而制订鲁莽的计划，有时因高估自己的能力而拖延，有时满脑子都是过去不愉快的经历而无法开始工作。这些现象都说明概率计算出了问题。虽然世上没有完美的答案，但我们大脑的表现确实不尽如人意。

生物对"满意"有足够的适应性

　　向大脑寻求更精确的答案是不现实的。要想进行精确的计算，我们就必须分别计算出事件的概率分布。

　　比如，假设你制作文件需要选择必要的材料。为了推算得更加准确，你首先要选出所有可能使用的资料，设定主观概率，然后加入"无法获取数据的可能性""自己能熟练使用信息的可能性"等，然后更新所有概率分布……这需要进行庞大的计算。如果每天都要进行这些计算，你的大脑很快就会崩溃。

　　相反，人脑采用了更简单的方法。再以制作文件时选择资料为例，我们的大脑首先会从数据库中寻找过去做类似工作的记忆，然后检索当时使用了什么资料。如果大脑根据这些信息判断

"同样的资料有大约 70% 的概率对当前工作有用"，它就会不假思索地采用这一结论。

　　如果大脑经常采用"适当的答案"，即使不能得出最佳答案，也能得出能满足日常需求的近似的答案。因此，虽然我们的大脑经常出现计算错误，但是这总比因追求完全的概率分布而用尽认知资源要好，这就是满意化。

　　赫伯特·西蒙针对大脑的这种功能指出："生物对'满意'有足够的适应性，一般不会追求最优化。"也就是说，"人类的大脑原本是为了追求适当的答案而进化出来的器官，它并不具备寻找最优解的系统"。

时间人格是否与时间管理术不匹配

　　本书介绍的技巧不仅有着数据支持，而且是在深入探讨时间的本质的基础上被筛选出来的。只要尝试其中 1 ~ 2 种适合你的时间感觉的技巧，你就能迅速体验到效果。

　　但是，即使效果不好也不要着急。请思考"自己的时间人格是否与时间管理术不匹配"，然后问自己以下问题。

① 你之前的预期和回忆没有错吗？

② 你能否就这项任务的预期和回忆提出新的假设？

③ 如果根据新的假设尝试不同的技巧，用什么技巧合适？

正如本书所强调的，你的预期和回忆的倾向会随着任务的种类而变化。比如，对文书工作的预期强，但对策划工作的预期弱。这时，请你思考"我的时间人格是否与时间管理术不匹配"，并进行验证。也许有人会认为这是在绕远路，但是，我们的大脑是擅长"适度"的器官，这也是无可奈何的事。即使你努力思考，使用最新的数据，你的大脑也经常会给出"适当错误的答案"。

但是，这样也没有关系，追求效率只是由近代的生活方式衍生出的一种态度。正如第 5 章所言，现代人要想真正摆脱时间不够用的问题，反而需要一定程度的"浪费"和"绕远路"。

因此，在实践本书时，请注意努力要适度。不要追求完美或最佳答案，只要找到近似的答案，你就可以欣然接受大脑产生的错误。反复这样做，你的内心将真正变得从容。

祝大家幸福。

技巧清单

为方便读者实践，本书附有技巧清单（见附表），请各位灵活使用。

附表　技巧清单

过程	问题	技巧	要点
【对症疗法】处理表面的时间问题	[预期偏差①] 预期过弱	1 [主要技巧] 时间盒	在预定时间内完成工作
		2 [辅助技巧①] 分解	把工作分解成更小的步骤
		3 [辅助技巧②] 愿景练习	深吸一口气，想象自己决定截止日期时的样子，然后开始工作
		4 [辅助技巧③] 角色书信	给3年后的自己写一封信并回信
		5 [辅助技巧④] 以日为单位考虑目标	以日为单位考虑长期项目
第2章 想象未来	[预期偏差②] 预期过强	6 [主要技巧] 预先承诺	给自己安排不易取消的休假
		7 [辅助技巧①] 提醒	想想10年后你是否会因为休假计划而后悔
		8 [辅助技巧②] 可视化	仔细想象自己1年后会变成什么样
		9 [辅助技巧③] 功能性借口	在"努力之后"或"赚到钱后"计划休假
	[预期偏差③] 预期过多	10 [主要技巧] SSC 练习	找出价值低的工作，把它交给别人做或放弃
		11 [辅助技巧①] 提高投入速度	写下3个重要问题，决定集中注意力处理这些问题
		12 [辅助技巧②] 深思熟虑计划	事先做好计划，决定"遇到问题时好好考虑对策"
		13 [辅助技巧③] 障碍计划	事先列出可能遇到的障碍和对策

（续表）

过程	问题	技巧	要点
【原因疗法】 消除时间感觉不准确的深层原因	[回忆偏差①] 回忆偏差大	14 [主要技巧] 时间日志	记录每天的活动、时间和评价至少1周
		15 [辅助技巧①] 请别人估算时间	请别人推测完成自己工作所需要的时间
		16 [辅助技巧②] 复制提示	模仿能有效利用时间的人的方法
第4章 改写过去		17 [主要技巧] 时间日志高级分析	对时间记录进行分类并制定对策
	[回忆偏差②] 回忆过于积极	18 [辅助技巧①] 诱惑日记	记录2~3行当天禁不住诱惑的经历
		19 [辅助技巧②] 计算误差率	误差时间÷估计时间=误差率
		20 [辅助技巧③] 重建回忆	思考过去失败的问题的对策，想象解决问题后的自己
	[回忆偏差③] 回忆过于消极	21 [主要技巧] 消极回忆改善表	比较预期和实际的"难度"和"满意度"
		22 [辅助技巧①] 微成功	在一天结束时写下取得的小成就和收获
		23 [辅助技巧②] 建议法	向有相同目标的人获取建议
		24 [辅助技巧③] 反思	分析过去的成功经验并将其用于新的任务中
【改善体质】 从根本上解决时间不够用的问题	无法消除对效率的执念	25 [主要技巧] 人生价值图	寻找自己喜欢的事、社会需要的事、能赚钱的事，自己擅长的事的重叠区域
第4章 从追求效率中解放出来		26 [辅助技巧①] 亲近文学	精读无法简单解释的文学作品
		27 [辅助技巧②] 花时间做有益于他人的事情	先做一周微小的善举
第5章 追求无聊	无法消除被时间追着跑的感觉	28 [主要技巧] 无聊训练	选择一项枯燥的任务，执行一周
		29 [辅助技巧] 使用事件时间间生活	制定"禁表日"，跟着感觉行动

前言

1. Buehler, Roger & Griffin, Dale & Peetz, Johanna. (2010). The Planning Fallacy. Advances in Experimental Social Psychology. 43.1-62. 10.1016/S0065-2601(10)43001-4.

2. Buehler, Roger & Griffin, Dale & Ross, Michael. (1994). Exploring the "Planning Fallacy": Why People Underestimate Their Task Completion Times. Journal of Personality and Social Psychology. 67. 366-381. 10.1037/0022-3514.67.3.366.

序章

1. Aeon B, Faber A, Panaccio A (2021) Does time management work? A meta-analysis. PLoS One. 16(1):e0245066. 10.1371/journal.pone.0245066. PMID: 33428644; PMCID: PMC7799745.

2. Häfner, Alexander & Stock, Armin. (2010). Time Management Training and Perceived Control of Time at Work. The Journal of Psychology. 144. 429-47. 10.1080/00223980.2010.496647.

3. Mullainathan, Sendhil & Shafir, Eldar. (2013). Freeing Up Intelligence. Scientific American Mind. 25. 58-63. 10.1038/ scientificamericanmind0114-58.

4. Po Bronson, Ashley Merryman (2009) NurtureShock: New Thinking About Children. ISBN9780446504126

5. Pollak, Manuela & Kotsis, Gabriele. (2017). E-Mail Monitoring and Management with MS Social Bots. 10.1145/3151759.3151799.

6. Gabriela N Tonietto, Selin A Malkoc, Stephen M Nowlis, When an Hour Feels Shorter: Future Boundary Tasks Alter Consumption by Contracting Time, Journal of Consumer Research, Volume 45, Issue 5, February 2019, 1085-1102, 10.1093/jcr/ucy043.

7. Teresa Amabile (2011) The Progress Principle: Using Small Wins to Ignite Joy, Engagement, and Creativity at Work. ISBN9781422198575

8. John Kounios, Mark Beeman (2015) The Eureka Factor: Aha Moments, Creative Insight, and the Brain. ISBN9780434019823

9. Meng Zhu, Yang Yang, Christopher K Hsee, The Mere Urgency Effect, Journal of Consumer Research, Volume 45, Issue 3, October 2018, 673-690, 10.1093/jcr/ucy008.

10. New York Times Article Written by Adam Grant. Productivity Isn't About Time Management. It's About Attention Management. March 28, 2019.

11. Masicampo, E. J., & Baumeister, R. F. (2011, June 20). Consider It Done! Plan Making Can Eliminate the Cognitive Effects of Unfulfilled Goals. Journal of Personality and Social Psychology. Advance online publication. 10.1037/a0024192.

12. Abbie J. Shipp (2021) My Fixation on Time Management Almost Broke Me. Harvard Business Review.

13. Katzir, Maayan & Emanuel, Aviv & Liberman, Nira. (2020). Cognitive performance is enhanced if one knows when the task will end. Cognition. 10.1016/j.cognition.2020.104189.

第 1 章

1. Liu, Ou Lydia & Rijmen, Frank & MacCann, Carolyn & Roberts, Richard. (2009). The assessment of time management in middleschool students. Personality and Individual Differences. 47. 174-179.

10.1016/j.paid.2009.02.018. Claessens, Brigitte & Eerde, Wendelien & Rutte, Christel & Roe, Robert. (2004). Planning behavior and perceived control of time at work. Journal of Organizational Behavior. 25. 937-950. 10.1002/job.292.

2. Aeon, B., & Aguinis, H. (2017). It's about Time: New Perspectives and Insights on Time Management. Academy of Management Perspectives, 31, 309-330. 10.5465/amp.2016.0166.

3. Kaufman-Scarborough, Carol & Lindquist, Jay. (1999). Time Management and Polychronicity: Comparisons, Contrasts, and Insights for the Workplace. Journal of Managerial Psychology. 14. 288-312. 10.1108/02683949910263819.

4. Rothbard, N. P., & Ollier-Malaterre, A. (2016). Boundary management. In T. D. Allen & L. T. Eby (Eds.), The Oxford handbook of work and family (109-122). Oxford University Press.

5. DeVoe, S. E., & Pfeffer, J. (2011). Time is tight: How higher economic value of time increases feelings of time pressure. Journal of Applied Psychology, 96(4), 665-676. 10.1037/a0022148.

6. Burt, Christopher & Weststrate, Alexandra & Brown, Caroline. (2010). Development of the time management environment (TiME) scale. Journal of Managerial Psychology. 25. 649-668.

10.1108/02683941011056978.

7. Currey, M. (2013). Daily rituals: How artists work. ISBN9780274803392

8. Doya, K., Ishii, S., Pouget, A., & Rao, R. P. N. (Eds.). (2007). Bayesian brain: Probabilistic approaches to neural coding. MIT Press.

9. Kording KP. Bayesian statistics: relevant for the brain? Curr Opin Neurobiol. 2014;25:130-133. 10.1016/j.conb.2014.01.003.

10. Joshua I. Sanders, Balāzs Hangya and Adam Kepecs. Signatures of a Statistical Computation in the Human Sense of Confidence. Neuron, May 2016. 10.1016/j.neuron.2016.03.025.

11. Masicampo, E. J., & Baumeister, R. F. (2011, June 20). Consider It Done! Plan Making Can Eliminate the Cognitive Effects of Unfulfilled Goals. Journal of Personality and Social Psychology. Advance online publication. 10.1037/a0024192.

12. Matlin, Margaret W. (2004). "Pollyanna Principle". In Rüdiger, F. Pohl (ed.). Cognitive Illusions: A Handbook on Fallacies and Biases in Thinking. Taylor & Francis. p. 260. ISBN9781135844950. Retrieved 2014-12-14.

13. ハイディ・グラント・ハルバーソン (2017)『やり抜く人の9つの習慣コロンビア大学の成功の科学』林田レジリ浩文訳、ディスカヴァー・トゥエンティワン ISBN9784799321133

14. Halvorson, H. G. (2014) Get your team to do what it says it's going to do, Harvard Business Review, May 2014, 83-87. Thürmer, J. L., Wieber, F., & Gollwitzer, P. M. (2015). Planning high performance: Can groups and teams benefit from implementation intentions? In M. D. Mumford & M. Frese (Eds.), The psychology of planning in organizations: Research and applications. New York, NY: Routledge.

15. Dalton, Amy & Spiller, Stephen. (2012). Too Much of a Good Thing: The Benefits of Implementation Intentions Depend on the Number of Goals. Journal of Consumer Research. 39. 10.1086/664500.

16. Sheeran, Paschal & Webb, Thomas & Gollwitzer, Peter. (2005). The Interplay Between Goal Intentions and Implementation Intentions. Personality & social psychology bulletin. 31. 87-98. 10.1177/0146167204271308.

第 2 章

1. Adelman, Robert & Herrmann, Sarah & Bodford, Jessica & Barbour, Joseph & Graudejus, Oliver & Okusn, Morris & Kwan, Virginia. (2016). Feeling Closer to the Future Self and Doing Better: Temporal

Psychological Mechanisms Underlying Academic Performance. Journal of Personality. 85. n/a-n/a. 10.1111/jopy.12248.

2. Ersner-Hershfield H, Garton MT, Ballard K, Samanez-Larkin GR, Knutson B. Don't stop thinking about tomorrow: Individual differences in future self-continuity account for saving. Judgm Decis Mak. 2009;4(4):280-286.

3. Ersner-Hershfield, H., Wimmer, G.E., & Knutson, B. (2009). Neural evidence for self-continuity in temporal discounting. Social Cognitive and Affective Neuroscience, 4(1), 85-92.

4. Strathman, Alan & Gleicher, Faith & Boninger, David & Edwards, Scott. (1994). The Consideration of Future Consequences: Weighing Immediate and Distant Outcomes of Behavior. Journal of Personality and Social Psychology. 66. 742-752. 10.1037/0022-3514.66.4.742.

5. James Martin. (1991). Rapid application development. ISBN9780023767753

6. Marc Zao-Sanders. How Timeboxing Works and Why It Will Make You More Productive December 12, 2018, Harvard Business Review.

7. Kruger, J., & Evans, M. (2004). If you don't want to be late, enumerate: Unpacking reduces the planning fallacy. Journal

of Experimental Social Psychology, 40(5), 586-598. 10.1016/
j.jesp.2003.11.001.

8. Sanna LJ, Schwarz N. Integrating temporal biases: the interplay
   of focal thoughts and accessibility experiences. Psychol Sci. 2004.
   Jul;15(7):474-81. 10.1111/j.0956-7976.2004.00704.x. PMID:
   15200632.

9. Blouin-Hudon, E.-M. C., & Pychyl, T. A. (2017). A mental
   imagery intervention to increase future self-continuity and reduce
   procrastination. Applied Psychology: An International Review, 66(2),
   326-352. 10.1111/apps.12088.

10. Chishima, Y., & Wilson, A. E. (2020). Conversation with a future self:
    A letter-exchange exercise enhances student self-continuity, career
    planning, and academic thinking. Self and Identity. Advance online
    publication. 10.1080/15298868.2020.1754283.

11. 佐瀬竜一「ロールレタリングを用いた大学生を対象にしたキ
    ャリア教育の試み」『常葉大学教育学部紀要』36、201-212、
    2016 年

12. Lewis NA Jr, Oyserman D. When does the future begin? Time metrics
    matter, connecting present and future selves. Psychol Sci. 2015
    Jun;26(6):816-25. 10.1177/0956797615572231. Epub 2015 Apr 23.

PMID: 25907059.

13. R. Kivetz and A. Keinan, "Repenting Hyperopia: An Analysis of Self-Control Regrets," Journal of Consumer Research, vol. 33, no. 2, 273-282, Sep. 2006.

14. R. Kivetz, R. Meng, and D. He, "Hyperopia: A theory of reverse self-control," in Routledge International Handbook of Self-Control in Health and Well-Being, D. de Ridder, M. Adriaanse, and K. Fujita, Eds. 2017.

15. R. Kivetz and I. Simonson, "Self-Control for the Righteous: Toward a Theory of Precommitment to Indulgence," Journal of Consumer Research, vol. 29, no. 2, 199-217, Sep. 2002.

16. A. Keinan and R. Kivetz, "Remedying hyperopia: The effects of self-control regret on consumer behavior," Journal of Marketing Research, vol. 45, no. 6, 676-689, 2008.

17. R. Mehta, R. J. Zhu, and J. Meyers-Levy, "When does a higher construal level increase or decrease indulgence? Resolving the myopia versus hyperopia puzzle," Journal of Consumer Research, vol. 41, no. 2, 475-488, Jan. 2014.

18. Kivetz R, Zheng Y. Determinants of justification and self-control.

J Exp Psychol Gen. 2006 Nov;135(4):572-87. 10.1037/0096-3445.135.4.572. PMID: 17087574.

19. Julian Birkinshaw, Jonas Ridderstråle (2017). Fast/Forward: Make Your Company Fit for the Future. Marketing Flyer.

20. Julian Birkinshaw, Jordan Cohen. Make Time for the Work That Matters (September 2013). Harvard Business Review.

21. Vogel, R. M., Rodell, J. B., & Agolli, A. (2021). Daily engagement and productivity: The importance of the speed of engagement. Journal of Applied Psychology. Advance online publication. doi.org/10.1037/apl0000958.

22. Doerflinger, J. T., Martiny-Huenger, T., & Gollwitzer, P. M. (2017). Planning to deliberate thoroughly: If-then planned deliberation increases the adjustment of decisions to newly available information. Journal of Experimental Social Psychology, 69, 1-12. 10.1016/j.jesp.2016.10.006.

23. R. Mehta, R. J. Zhu, and J. Meyers-Levy, "When does a higher construal level increase or decrease indulgence? Resolving the myopia versus hyperopia puzzle," Journal of Consumer Research, vol. 41, no. 2, 475-488, Jan. 2014.

第 3 章

1. D'Argembeau, A., & Van der Linden, M. (2011). Influence of facial expression on memory for facial identity: Effects of visual features or emotional meaning? Emotion, 11(1), 199-202. 10.1037/a0022592.

2. Hassabis D, Kumaran D, Vann SD, Maguire EA. Patients with hippocampal amnesia cannot imagine new experiences. Proc Natl Acad Sci U S A. 2007;104(5):1726-1731. 10.1073/pnas. 0610561104

3. Hassabis D, Maguire EA. The construction system of the brain. Philos Trans R Soc Lond B Biol Sci. 2009;364(1521):1263-1271.10.1098/rstb.2008.0296.

4. Schwarz, N., Bless, H., Strack, F., Klumpp, G., Rittenauer-Schatka, H., & Simons, A. (1991). Ease of retrieval as information: Another look at the availability heuristic. Journal of Personality and Social Psychology, 61(2), 195-202. 10.1037/0022-3514.61.2.195.

5. Tversky, A., & Kahneman, D. (1982). Judgment under uncertainty: Heuristics and biases. In D. Kahneman, P. Slovic & A. Tversky (Eds.), Judgment under Uncertainty: Heuristics and Biases (pp.3-20). Cambridge: Cambridge University Press. 10.1017/CBO9780511809477.002.

6. Lorko, Matej & Servátka, Maroš & Zhang, Le. (2020). Improving the Accuracy of Project Schedules. Production and Operations Management. 30. 10.1111/poms.13299.

7. Baumeister, R. F., & Tierney, J. (2011). Willpower: Rediscovering the Greatest Human Strength. London: Penguin Books. 314-315. ISBN9781594203077

8. Mehr, Katie & Geiser, Amanda & Milkman, Katherine & Duckworth, Angela. (2020). Copy-Paste Prompts: A New Nudge to Promote Goal Achievement. Journal of the Association for Consumer Research. 5. 10.1086/708880.

9. Ross,L. D., Amabile, T. M., & Steinmetz , J. L. (1977). Social roles, social control, and biases in social-perception processes. Journal of Personality and Social Psychology, 35, 485-494.

10. Fischhoff, B., & Beyth, R. (1975). "I knew it would happen": Remembered probabilities of once-future things. Organizational Behavior and Human Performance, 13, 1-16.

11. Everett, Brendan & Celniker, Jared & Jackson, Le'Quan & Lau, Cindy & Robinson, Martha & Kawai, Sarah & Yoshiura, Reyn & Gilbert, Kiernan & Aston, Esme & Butterfield, Chris & Jacobsmeyer, Anthony & Miller, Ted & Sumida, Ken & Zimbardo, Phil & Slavich, George & Pressman, Sarah & Kuchenbecker, Shari Young. (2015). Empathy,

Time Perspective - Past Positive and Future: Our Well-Being Together.

12. Metcalfe, J., & Mischel, W. (1999). A hot/cool-system analysis of delay of gratification: Dynamics of willpower. Psychological Review, 106(1), 3-19. 10.1037/0033-295X.106.1.3.

13. Peper, Erik & Harvey, Richard & Lin, I-Mei & Duvvuri, Padma. (2014). Increase Productivity, Decrease Procrastination and Increase Energy. Biofeedback. 42. 82-87. 10.5298/1081-5937-42.2.06.

14. Amabile, T., & Kramer, S. (2011). The progress principle: Using small wins to ignite joy, engagement, and creativity at work. Boston, MA: Harvard Business Review Press.

15. Jose, P. E., Lim, B. T., & Bryant, F. B. (2012). Does savoring increase happiness? A daily diary study. The Journal of Positive Psychology, 7(3), 176-187. 10.1080/17439760.2012.671345.

16. Barsade, Sigal. (2002). The Ripple Effect: Emotional Contagion and Its Influence on Group Behavior. Administrative Science Quarterly. 47. 644-675. 10.2307/3094912.

17. Eskreis-Winkler L, Fishbach A, Duckworth AL. Dear Abby: Should I Give Advice or Receive It? Psychol Sci. 2018 Nov;29 (11):1797-1806. 10.1177/0956797618795472. Epub 2018 Oct 3. PMID:

30281402; PMCID: PMC6728546.

18. Gregory Lopez (Dec 24, 2019) Want to form some new daily habits? We ran a massive study to explore which techniques work best. www. clearerthinking.org.

第 4 章

1. Robinson, J. P., & Godbey, G. (1997). Time for life: The surprising ways Americans use their time. ISBN9780271016528

2. Brigid Schulte. (2014). Overwhelmed : work, love, and play when no one has the time. ISBN9781443410182

3. Luthar, Suniya & Kumar, Nina. (2018). Youth in High-Achieving Schools: Challenges to Mental Health and Directions for Evidence-Based Interventions.

4. Global Benefits Attitudes Survey (2013/14). © 2014 Towers Watson. All rights reserved. towerswatson.com.

5. Tony Crabbe (2015) Busy: How to Thrive in a World of Too Much. ISBN9780349400754

6. Employee Engagement Is Higher For Low Performers In 42% of

Companies. www.leadershipiq.com/blogs/leadershipiq/35354881-employee-engagement-shocker-low-performers-may-be-more-engaged-than-high-performers.

7. フレデリック・W・テイラー (2009)『新訳科学的管理法』有賀裕子訳、ダイヤモンド社 ISBN9784478009833

8. Walter Kerr (2018) The Decline of Pleasure (Classic Reprint). ISBN9780243298440

9. Ishida, R., & Okada, M. (2011). Factors influencing the development of "purpose in life" and its relationship to coping with mental stress. Psychology, 2(1), 29-34. 10.4236/psych.2011.21005.

10. Hui, V. K., & Fung, H. H. (2009). Mortality anxiety as a function of intrinsic religiosity and perceived purpose in life. Death Studies, 33, 30-50.

11. Hilbert, Martin & López, Priscila. (2011). The World's Technological Capacity to Store, Communicate, and Compute Information. Science (New York, N.Y.). 332. 60-5. 10.1126/science.1200970.

12. Levitin, D. J. (2014). The organized mind: Thinking straight in the age of information overload. ISBN9780525954187

13. R. K. Sitaraman, "Network performance: Does it really matter to users and by how much?," 2013 Fifth International Conference on Communication Systems and Networks (COMSNETS), 2013, 1-10, 10.1109/COMSNETS.2013.6465563.

14. Mark, Gloria & Iqbal, Shamsi & Czerwinski, Mary & Johns, Paul & Sano, Akane. (2016). Neurotics Can't Focus: An in situ Study of Online Multitasking in the Workplace. 1739-1744. 10.1145/2858036.2858202.

15. Lorenz-Spreen, P., Mønsted, B.M., Hövel, P. et al. Accelerating dynamics of collective attention. Nat Commun 10, 1759 (2019).10.1038/s41467-019-09311-w.

16. Djikic, Maja & Oatley, Keith & Moldoveanu, Mihnea. (2013). Opening the Closed Mind: The Effect of Exposure to Literature on the Need for Closure. Creativity Research Journal. 25. 149-154. 10.1080/10400419.2013.783735.

17. O'Bryan EM, Beadel JR, McLeish AC, Teachman BA. Assessment of intolerance of uncertainty: Validation of a modified anagram task. J Behav Ther Exp Psychiatry. 2021 Dec;73:101671. 10.1016/j.jbtep.2021.101671. Epub 2021 Jun 23. PMID: 34182343.

18. Mogilner C, Chance Z, Norton MI. Giving time gives you time.

Psychol Sci. 2012 Oct 1;23(10):1233-8. 10.1177/0956797612442551. Epub 2012 Sep 12. PMID: 22972905.

第 5 章

1. James Suzman. (2017) Affluence Without Abundance: The Disappearing World of the Bushmen. ISBN9781632865724

2. Avnet, Tamar & Sellier, Anne-Laure. (2014). So What If the Clock Strikes? Scheduling Style, Control, and Well-Being. Journal of Personality and Social Psychology. 107. 10.1037/a0038051.

3. Jennifer L. Roberts (2014) Transporting Visions. The Movement of Images in Early America. ISBN9780520251847

4. Robert V. Levine (2008) A Geography Of Time: On Tempo, Culture, And The Pace Of Life. ISBN9780465026425

5. Sellier AL, Avnet T. So what if the clock strikes? Scheduling style, control, and well-being. J Pers Soc Psychol. 2014 Nov;107(5):791-808. 10.1037/a0038051. PMID: 25347127.